Stephanie Glöckle

»DU kippst NICHT um, wenn DU mal EINE Stunde nicht TRINKST«

Stephanie Glöckle

»Du kippst nicht um, wenn du mal eine Stunde nicht trinkst«

Der ultimative
CRASHKURS SCHULRECHT
mit vielen Alltagsbeispielen

mvgverlag

Bibliografische Information der Deutschen Nationalbibliothek:
Die Deutsche Nationalbibliothek verzeichnet diese Publikation in der Deutschen Nationalbibliografie; detaillierte bibliografische Daten sind im Internet über http://d-nb.de abrufbar.

Für Fragen und Anregungen:
info@m-vg.de

Ausschließlich zum Zweck der besseren Lesbarkeit wurde auf eine genderspezifische Schreibweise sowie eine Mehrfachbezeichnung verzichtet. Alle personenbezogenen Bezeichnungen sind somit geschlechtsneutral zu verstehen.

Originalausgabe
1. Auflage 2023

Türkenstraße 89
80799 München
Tel.: 089 651285-0
Fax: 089 652096

Redaktion: Petra Holzmann
Umschlaggestaltung: Pamela Machleidt
Umschlagabbildung: Shutterstock.com/Pixel Embargo
Satz: ZeroSoft, Timisoara
Druck: CPI books GmbH, Leck
Printed in the EU

ISBN Print 978-3-7474-0584-0
ISBN E-Book (PDF) 978-3-9612-1985-8
ISBN E-Book (EPUB, Mobi) 978-3-9612-1986-5

Wir produzieren nachhaltig
www.m-vg.de

Weitere Informationen zum Verlag finden Sie unter:
www.mvg-verlag.de
Beachten Sie auch unsere weiteren Verlage unter www.m-vg.de.

INHALT

Die Ausführungen und Ratschläge in diesem Buch sind von der Autorin und vom Verlag ausgiebig geprüft worden. Sie stellen dennoch keinen Ersatz für eine auf den Einzelfall bezogene anwaltliche Beratung dar. Die Angaben erfolgen daher ohne jegliche Gewährleistung oder Garantie seitens der Autorin und des Verlages. Trotz sorgfältiger Kontrolle kann ebenfalls für den Inhalt externer Links keine Haftung übernommen werden. Für den Inhalt der verlinkten Seiten sind ausschließlich deren Betreiber verantwortlich.

Für alle Eltern, die ihren Kindern jeden Tag bedingungslos zur Seite stehen.

VORWORT

Haben Sie gerade das Schulzeugnis Ihres Kindes vor sich und fragen sich nun, ob man da noch »irgendwas machen« kann? Möchten Sie sich gerne einen schnellen Überblick über Themen an der Schule und ihre rechtlichen Hintergründe verschaffen, um beim nächsten Elternabend mitreden zu können? Oder beschäftigt Sie derzeit ein bestimmtes schulisches Problem, für das Sie eine Lösung suchen? Wenn ja, dann haben Sie bereits den ersten Schritt getan und das richtige Buch in den Händen.

Seien Sie versichert, Sie haben sich nicht allein im schulrechtlichen Paragrafen-Dschungel verirrt. Die rechtlichen Verhältnisse zwischen Eltern, Schülern* und Schule sind – dezent gesagt – nicht gerade einfach gestrickt und für den normalen Bürger ohne Vorkenntnisse oft nicht leicht zu durchschauen. Insbesondere auf alltägliche schulische Fragen eine rechtlich sichere Antwort zu finden, kann Eltern (und häufig auch Schulleitungen und Lehrkräften) außerordentlich schwer fallen. Die Bandbreite der vorkommenden Anliegen ist dabei vielfältig. Von der Aufsichtsführung, dem Datenschutz oder der Notenvergabe über den Unterrichtsausfall bis hin zur Versetzung bietet das Schulrecht einen wahrlich großen Themen-Pool. Meist sind die schulischen Begrifflichkeiten für Eltern nicht unbedingt auf Anhieb verständlich und bringen daher einigen Erklärungsbedarf mit sich.

---

* Um die Verständlichkeit und den Lesefluss dieses Buches zu erhöhen, werden im Folgenden die Begriffe »Schüler« für Schülerinnen und Schüler sowie »Lehrkräfte« für Lehrerinnen und Lehrer verwendet. Bei der Nennung der männlichen Variante ist immer auch die weibliche und diverse Form gedanklich eingeschlossen.

Durch die Kombination aus komplizierten Gesetzestexten, diffusen Erzählungen aus dem Bekanntenkreis und unübersichtlichen Treffern von Internetsuchmaschinen wird diese Problemlage leider noch zusätzlich verschlechtert. Allein die Google-Suche bei »Schule« und »Recht« liefert über 79 Millionen Treffer. Und lassen Sie mich vorab eines deutlich klarstellen: Da findet sich ziemlich viel Halbwissen, womit den meisten Ratsuchenden überhaupt nicht geholfen ist. Für Eltern ist es weitaus umständlicher, an schulrechtliche Informationen zu gelangen als für Lehrkräfte an der Schule, die sich auf dem kleinen Dienstweg an die Schulleitung oder die Schulaufsichtsbehörden wenden können. Dabei sollten speziell Eltern wissen, welche Vorschriften gelten und welche Wege ihnen offenstehen, um ihr Kind bestmöglich in der Schule unterstützen zu können.

Der Erfolg in der Schule und der erworbene Schulabschluss beeinflussen entscheidend den späteren sozialen und finanziellen Status eines Menschen. Wer keinen oder einen schlechten Schulabschluss hat, kommt in der heutigen Gesellschaft meist nicht allzu weit. Es ist aus diesem Grund besonders wichtig, dass allen Schülern die gleichen Chancen und damit gerechte Voraussetzungen in der Schule zukommen. Um dieses Ziel zu erreichen, muss die Schule die schulrechtlichen Rahmenbedingungen einhalten. Das Schulwesen stellt keinen rechtsfreien Raum dar. Es basiert vielmehr auf Gesetzen und Verordnungen, die die Rechte und Pflichten von Lehrkräften, Schulleitung, Schülern und Eltern vorgeben. Eltern benötigen einen klaren Überblick, welche rechtlich möglichen (und auch realistischen) Handlungsoptionen ihnen bei Konflikten zwischen Schülern und Schule zustehen. Eine verständliche Rechtslage erleichtert dabei nicht nur das Leben der Eltern, sondern auch die Zusammenarbeit mit der Schule, und sichert damit den Schulfrieden. Dieser ist von wesentlicher Bedeutung, um die Erziehungsgemeinschaft zwischen Eltern und Schule zu erhalten. So besteht ein Recht der Eltern, an der schulischen Erziehung mitzuwirken, wobei die Schule die Eltern bei der Wahrnehmung ihrer Rechte im Schulwesen unterstützt.

Dieses Buch richtet sich vorwiegend an Eltern von schulpflichtigen Kindern, die sich mit schulischen Regelungen beschäftigen oder hiervon betroffen sind. (Eine solche Betroffenheit kann im Übrigen schneller eintreten, als man vielleicht denkt.) Es können in diesem Buch natürlich nicht alle schulrechtlichen Themen in voller Gänze dargestellt werden, vielmehr sind die in der Praxis am häufigsten auftretenden schulischen Probleme von A bis Z aufgelistet und verständlich erläutert, sodass Sie sich als Leser schnell einen Überblick verschaffen können. Es wird auf eine breite Palette alltäglicher Konstellationen eingegangen, die für Eltern von Bedeutung sind. Vor diesem Hintergrund werden die Versetzung von Schülern, Erziehungs- und Ordnungsmaßnahmen und die Vergabe von Noten besonders ausführlich besprochen. Gerade diese Bereiche sind von hoher Relevanz, da sie die weitere schulische Laufbahn der Schüler und damit auch deren Lebensweg erheblich beeinflussen können. Daneben werden auch Möglichkeiten und praktische Tipps sowie Hinweise gegeben, wie die schulischen Rechte – im Ernstfall – durchgesetzt werden können.

Dieses Buch soll ein Ratgeber sein, um die Themen rund um die Schule auch für Eltern rechtlich nachvollziehbar zu erklären und in der Folge besser verständlich zu machen.

DIE AUFGABEN DER SCHULE: WELCHE SIND DAS, UND WOFÜR SIND SIE GEDACHT?

Die Schulen setzen den Bildungs- und Erziehungsauftrag um, der in den Schulgesetzen der Bundesländer festgelegt ist. Dabei geht es nicht nur darum, die Schüler mit fachlichem Wissen zu überschütten, vielmehr spielt ebenso die Erziehung eine wichtige Rolle. Am Ende der schulischen Laufbahn ist es daher nicht ausreichend, wenn die Schüler perfekt den Satz des Pythagoras berechnen oder die deutschsprachige Lyrik interpretieren können, insbesondere sollten gesellschaftliche Kernkompetenzen und Werte an die Schüler vermittelt worden sein.

Schüler sollen in der Schule beispielsweise dazu angehalten werden,

- die Würde und Überzeugungen anderer Menschen zu achten.
  (→ Erwartet wird, dass sich Schüler tolerant verhalten und auch andere als ihre eigenen Meinungen akzeptieren.)
- einen Leistungswillen zu bilden und eigenverantwortlich zu handeln.
  (→ Wünschenswert wäre, dass Schüler z.B. kontinuierlich in der Schule aufmerksam sind und sich das Erlernte auch zu Hause weiter aneignen.)
- die eigene Persönlichkeit und Begabung zu entfalten.
  (→ Schüler sollen die Freiheit erhalten, ihre Persönlichkeit zu ergründen und auszudrücken sowie ihre Stärken zu ermitteln und diese weiterzuentwickeln.)

- Wert- und Ordnungsvorstellungen der freiheitlich-demokratischen Grundordnung anzuerkennen.
  (→ Die freiheitlich-demokratische Grundordnung umfasst unter anderem die Achtung von Menschenrechten, die Trennung der Gewalten in Legislative, Exekutive und Judikative, die Unabhängigkeit der Gerichte und die Macht des Volkes, durch Wahlen an der politischen Willensbildung mitzuwirken.)
- sich solidarisch gegenüber sozial benachteiligten Menschen zu verhalten.
  (→ Schüler sollen gegenüber Menschen, denen es schlechter als ihnen selbst geht, Empathie zeigen und Rücksicht nehmen können.)
  - staatsbürgerliche Rechte und Pflichten aktiv wahrzunehmen.
    (→ Schüler sollen z.B. später an den Europa-, Bundestags-, Landtags- und Kommunalwahlen teilnehmen und über ihre Zukunft mitbestimmen.)
  - Urteils- und Entscheidungsfähigkeiten zu entwickeln.
    (→ Auch die moralische Erziehung der Schüler ist ein Bestandteil der schulischen Erziehungsaufgabe.)

Die in Deutschland geltende Schulpflicht besteht nicht zum Spaß oder zum bloßen Zeitvertreib. Die Schule soll die Schüler – im Rahmen der ihr zustehenden Möglichkeiten – auf ihr späteres Leben vorbereiten. Die Schüler sollen sich zu selbstständigen Staatsbürgern entwickeln, die in persönlicher, politischer und beruflicher Hinsicht einen Beitrag für die Gesellschaft leisten können. Hierzu gehört vor allem die Fähigkeit, sich in eine Gemeinschaft einordnen zu können und respektvoll und tolerant mit seinen Mitmenschen umzugehen. Spannungen und Konflikte gehören zum Leben dazu, sodass junge Menschen bereits zu Schulzeiten lösungsorientierte Ansätze erlernen müssen. Wünschenswert wäre eine Entwicklung der Schüler zu selbstverantwortlichen Personen, die Werte und ihre Mitmenschen achten und die in der Lage sind, ihre Rechte und Pflichten im gesellschaftlichen Leben wahrzunehmen.

KEINER WIRD ZURÜCKGELASSEN

Das klingt nach einem ganz schön straffen Programm für die Schulzeit, nicht wahr? Die Schulgesetze der Bundesländer geben eine Vielzahl von Kompetenzen vor, die Schüler im Laufe ihrer Schullaufbahn erwerben sollen. Sicher setzt jede Schule – ganz zu Recht – ihre Schwerpunkte im Hinblick auf die Bildung und Erziehung der Schüler anders. Es sollen am Ende des Schullebens auch gar keine perfekten und allwissenden jungen Erwachsenen hervorgebracht werden. (Wo gibt es die schon?) Dies ist weder möglich noch gewollt. Von wesentlicher Bedeutung ist eher, dass kein Schüler sich selbst überlassen wird oder auf dem schulischen Weg zurückbleibt. Insbesondere bei Schülern, die mit Problemen zu kämpfen haben, ist es unerlässlich, erzieherisch und pädagogisch zeitnah zu handeln und somit noch rechtzeitig die Weichenstellungen setzen zu können. Wichtig ist, dass die Schulen sich ihrer Aufgaben bewusst sind und sich aktiv bemühen, die erzieherischen Werte an die Schüler erfolgreich weiterzugeben. Indem außerschulische Unterstützungspartner, wie die Jugendhilfe, die Schulsozialarbeit oder die schulpsychologischen Beratungsstellen, von der Schule einbezogen werden, kann in schwierigeren Fällen eine abgestimmte Vorgehensweise ermöglicht werden, die letztlich dem Schüler und seiner weiteren Entwicklung zugutekommt.

GLEICHE CHANCEN FÜR ALLE

Bei der Umsetzung des Bildungs- und Erziehungsauftrages ist die Chancengleichheit der Schüler zu berücksichtigen. Jeder Schüler soll unabhängig von seiner Herkunft oder dem finanziellen Status seiner Eltern die gleichen Möglichkeiten im Schulwesen haben. Dies stellt Lehrkräfte oftmals vor Herausforderungen. Eltern hegen naturgemäß den Wunsch, dass das eigene Kind die bestmögliche Förderung und Versorgung in der Schule erhält. Die Lehrkräfte müssen jedoch das Gesamtwohl aller ihnen anvertrauten Schüler im Blick behalten und können sich nur bedingt einzelner Sonderwünsche annehmen. Konflikte sind vor diesem Hintergrund durchaus vorprogrammiert und müssen (idealerweise) für alle Beteiligten zufriedenstellend geklärt werden.

WIE DIE CORONA-PANDEMIE DIE SCHULLANDSCHAFT VERÄNDERT HAT

Infolge der Corona-Pandemie ab März 2020 wurden die Schulen vor erhebliche Herausforderungen gestellt. Nicht nur die regulären Aufgaben, sondern auch die durch die Pandemie entstandenen Probleme mussten bewältigt werden. Hinzu kamen neue Unterrichtsformen, Hygienevorgaben und die Angst vor Infektionen mit dem Virus. Insbesondere mit dem Übergang des Präsenzunterrichts zum Fernunterricht gingen organisatorische und technische Schwierigkeiten einher, die schnellstmöglich gelöst werden mussten. Sicher erinnern Sie sich noch an die (teils) holprigen technischen Anfänge des »Homeschooling«, die allen Beteiligten viel Geduld abverlangten.

Für Lehrkräfte bedeutete die Corona-Pandemie oft einen enormen Mehraufwand im Hinblick auf ihre täglichen Arbeitsaufgaben. Die zügige Umsetzung und Weitergabe der gesetzlichen Bestimmungen an die Schüler und Eltern erforderten schnelle Reaktionen. Es musste zudem eine hohe Flexibilität gezeigt werden, was die Planung des Unterrichts anging – es gab Präsenzunterricht, Homeschooling und Hybridformen. Auch für die Eltern der Schüler stellte die Pandemie eine große Belastung dar. Sie wurden mit neuen Regelungen in der Schule konfrontiert. Zu Hause mussten sie den Fernunterricht und die Betreuung der Kinder neben ihrer beruflichen Tätigkeit organisieren. Sie wie auch ihre Kinder mussten sich an Corona-Tests oder das Tragen von Mund-Nasen-Bedeckungen gewöhnen. Sowohl von den Eltern als auch von den Lehrkräften hat die Pandemie einen außerordentlichen Kraftaufwand gefordert und ihre Spuren hinterlassen.

Auch wenn die Corona-Pandemie im April 2023 für beendet erklärt wurde, wird das Thema »Corona« Lehrkräfte, Eltern und auch die Schüler an der einen oder anderen Stelle immer noch im Schulalltag begleiten. Gesetzliche Regelungen dazu müssen zwar von Schule und Eltern nicht mehr beachtet werden, aber es geht zurzeit immer noch darum, die durch die Schulschließungen entstandenen Lernrückstände wieder aufzuholen.

Der schulische Alltag, wie er vor der Pandemie bestand, ist nun gänzlich wiederhergestellt. Inzwischen findet der Unterricht wieder konsequent in Präsenz an den Schulen statt. Diese haben selbstständig ihre Lehren aus der Pandemie gezogen. Da während der Pandemie der Unterricht maßgeblich via Fernunterricht durchgeführt wurde und hierdurch die »Digitalisierung« zwangsläufig schnell vorangetrieben und umgesetzt werden musste, haben zahlreiche Schulen an diese digitalen Angebote aus der Zeit der Pandemie angeknüpft und führen diese fort. Besonders Online-Lernplattformen werden als sehr nützlich gesehen und von den Schulen weiter verwendet. Auf diesen Plattformen können Unterrichtsinhalte und Aufgaben von der Schule auch digital an die Schüler verteilt werden. Zudem arbeitet man daran, die technische Ausstattung von Schulen (z. B. interaktive Tafeln, Tablets für Schüler) sowie die Kompetenzen der Lehrkräfte und Schulleitungen im Bereich »Digitalisierung« immer weiter zu optimieren.

DIE ZUSAMMENARBEIT VON SCHULE UND ELTERN – OHNE GEHT ES NICHT

Die Aufgaben von Schule und Eltern im Hinblick auf die erfolgreiche Teilnahme der Schüler am Unterricht hängen eng miteinander zusammen und sind voneinander abhängig. Während Eltern naturgemäß durch ihre Rolle als Erziehungsberechtigte Einfluss auf ihre Kinder nehmen können, haben die Schulen die Schüler während eines großen Anteils des Tages in ihrer Obhut und können deren Fähigkeiten und Erziehung ebenfalls entscheidend prägen. Sowohl Eltern als auch Schulen sind daher notwendige Partner in der Erziehungsgemeinschaft.

Einem Kind, das zu Hause keine Hilfestellung bei der Nachbereitung des Unterrichtsstoffes oder beim Lernen für Klausuren erhält, fällt es sehr viel schwerer, in der Schule erfolgreich unterwegs zu sein, als einem Kind, bei dem die Unterstützung durch die Eltern möglich ist und daher von beiden Seiten funktioniert. Eine gelungene Zusammenarbeit zwischen Schule und Eltern bietet zudem die besten Voraussetzungen für ein harmonisches Schulklima und damit ein vielversprechendes Schulerlebnis.

GOLDENE REGELN: RESPEKT, EHRLICHKEIT UND TRANSPARENZ

Die Zusammenarbeit zwischen Eltern und Schule wird schon durch wenige, jedoch enorm hilfreiche Tipps verbessert. Um die Erziehungsgemeinschaft von Eltern und Schule zu pflegen, sind vor allem Respekt und Ehrlichkeit nötig. Transparenz in Bezug auf schulische Belange und gegenseitige Erwartungen schafft eine verlässliche Handlungsgrundlage. Es sollte darauf geachtet werden, dass seitens der Schule ausreichend Gelegenheiten zum Austausch gegeben werden. Hierfür bietet sich vor allem das persönliche Gespräch an. Zusätzlich könnte der Kontakt auch über digitale Medien oder sei es nur über Telefon oder E-Mail hergestellt werden. Von Bedeutung ist in diesem Zusammenhang, dass die Kommunikationswege auch tatsächlich funktionieren und keine Seite den Eindruck gewinnt, dass keine Möglichkeit besteht, das Gespräch zu suchen oder bestimmte Themen zu diskutieren. Zudem sollten für die Eltern in Bezug auf die relevantesten Anliegen und Fragestellungen konkrete Ansprechpartner benannt werden, sei es die Schulleitung selbst oder die jeweiligen Lehrkräfte. Dies fördert eine schnelle Interaktion, die auf für alle sichtbaren Strukturen aufgebaut ist, und erleichtert die Situation für Eltern, da sie nicht erst den Weg zu ihrem Ansprechpartner ermitteln müssen.

NICHT ALLE ELTERN SIND HELIKOPTER-ELTERN

Die Interessen von Schule und Eltern treffen zum Beispiel aufeinander, wenn die Schule auf ein Fehlverhalten eines Schülers reagieren muss (und der Schüler in der Folge geahndet wird) oder am Ende des Schuljahres dem Schüler aufgrund mangelhafter Leistungen nicht der Sprung in die nächsthöhere Klassenstufe gelingt. Es liegt in der Natur der Elternschaft, das eigene Kind zu schützen und sich für seine Belange stark zu machen. Denn Eltern wissen: Der Erfolg in der Schule entscheidet maßgeblich über den weiteren Werdegang eines Schülers. Ob eine bestimmte Ausbildung ergriffen werden kann, ist oft von einem guten Abschlusszeugnis abhängig. Eintrittskarten in die Universität oder Fachhochschule setzen in der Regel die allgemeine Hochschulreife oder das Fachabitur voraus. Deswegen wollen

Eltern das eigene Kind auf seiner schulischen Laufbahn unterstützen. Indem sich Eltern für ihr Kind einsetzen, werden sie noch lange nicht zu den allseits gefürchteten »Helikopter-Eltern«. Dieser – durchaus abwertende – Begriff ist oft völlig unangebracht. Eltern haben nicht nur das Recht, sondern sogar die Pflicht, die Rechte ihres Kindes im Auge zu behalten und notfalls für diese einzutreten.

Die Kür für Eltern besteht darin, diese Rechte vorab zu kennen und nicht überzustrapazieren. Teilweise, jedoch keineswegs immer, fällt es Eltern schwer, einen Sachverhalt neutral zu betrachten. Die Aufgabe der Schulleitung (beziehungsweise der jeweiligen Lehrkraft) ist es in diesem Fall, den Eltern pädagogische und rechtliche Gründe für eine bestimmte Entscheidung anschaulich und verständlich zu erläutern. Allein durch die bloße Übermittlung einer Entscheidung wird noch keine Autorität begründet. Wenn beispielsweise im Rahmen der Frage, ob ein Schüler für einen sportlichen Wettkampf beurlaubt werden kann, die Schule eine Abwägung zwischen der Schulpflicht und den Wünschen des Schülers vornimmt, bringt der Familie die reine Ablehnung des Beurlaubungsantrages ohne eine Begründung keinen Mehrwert. Damit Entscheidungen verstanden und akzeptiert werden können, bedarf es konkreter und sachkundiger Erklärungen, die Eltern zudem in einem persönlichen Gespräch dargelegt werden können. Nur dann sind sowohl Schule als auch Eltern auf demselben Informationsstand.

Tauziehen ist unerwünscht

Insbesondere bei Konfliktgesprächen sollten Schule und Eltern im Blick haben, dass sie beide das gleiche Ziel haben: das Wohlergehen des Kindes. Auch wenn es manchmal zu aufgeladenen Momenten zwischen Eltern und Schule kommen kann (und sich dadurch gegebenenfalls ein gewisser emotionaler Ballast ablädt oder sich Spannungen bilden), ist es doch ungemein wichtig, zu erkennen, dass das gemeinsame Ziel nur in einem Miteinander erreicht werden kann.

Der Weg dahin kann von Eltern und Schule durchaus unterschiedlich gesehen und die Argumente kontrovers diskutiert werden. Zu einem konkurrierenden Tauziehen um das Kind sollte es jedoch nicht kommen. Vielmehr sollten Eltern und Schule zusammenarbeiten und den Schüler in die gewünschte Richtung lenken.

MITTENDRIN STATT NUR DABEI

Die Mitwirkungsgremien der Schule, bestehend aus den Eltern, den Schülern und den schulischen Vertretern, sollten sich auf Augenhöhe begegnen, kein Gremium sollte über dem anderen stehen. Nur über den gemeinsamen Austausch kann die Schule und deren Entwicklung vorangebracht werden. Eltern sind nicht nur ein Teil des Randgeschehens in der Schule, sondern sie können sich aktiv in das Schulleben einbringen und dieses auch beeinflussen. Zum Beispiel steht es Eltern frei, an der Elternvertretung mitzuwirken, sich in diesem Rahmen Fragen, Sorgen oder anderer Anliegen von Eltern anzunehmen und diese an die Schulgremien weiterzuleiten. Die Elternvertreter bilden dabei die Kommunikationsbrücke zwischen den Eltern und der Schule.

DIE RECHTLICHEN GRUNDLAGEN DES SCHULWESENS

Es besteht eine Vielzahl an rechtlichen Vorschriften im Schulwesen. Nicht nur die verschiedenen Schulgesetze der Bundesländer zählen hierzu, sondern ebenso die Verwaltungsgerichtsordnung, die jeweiligen Landesverwaltungsverfahrensgesetze, Verordnungen, Verwaltungsvorschriften und Erlasse. Eine Menge Regelungen, die Sie sich jedoch nicht merken müssen. Die reichlichen Vorgaben sind selbst für versierte Juristen nicht leicht zu überblicken, geschweige denn für juristische Laien wie Schulleitungen, Lehrkräfte, Eltern und Schüler. Oftmals lösen nicht nur die zahlreichen Regelungen Unklarheiten aus. Hinzu kommt auch die Formulierung der Vorschriften, die stel-

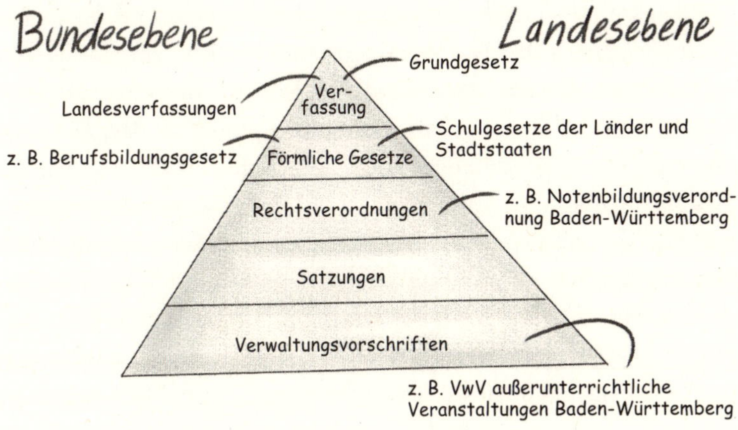

lenweise eher kryptisch gehalten ist und auch von Juristen nur in einem äußerst aufnahmefähigen Zustand interpretiert werden kann. Haben Sie schon einmal von der Redewendung »Drei Juristen und fünf Meinungen« gehört? Sehen wir uns im Folgenden an, warum diesem Spruch durchaus seine Berechtigung zukommt.

VON DER SCHWIERIGKEIT DER BEGRIFFSDEFINITIONEN

Im Schulrecht sind selbst manche Begriffe schwer zu deuten. Ein Schüler kann beispielsweise aufgrund seines Verhaltens für einen bestimmten Zeitraum vom Unterricht ausgeschlossen werden (z. B. weil er einen Mitschüler aus Spaß von der Treppe gestoßen und sich dieser daraufhin den Fuß verstaucht hat). Gemäß dem Bayerischen Gesetz über das Erziehungs- und Unterrichtswesen müsste sich der Schüler für den Unterrichtsausschluss eine »Gefährdung von Rechten Dritter oder der Aufgabenerfüllung der Schule durch schweres oder wiederholtes Fehlverhalten« zuschulden kommen lassen. In Brandenburg müsste der Schüler »schwerwiegend gegen eine den Auftrag der Schule regelnde Rechtsvorschrift, Verwaltungsvorschriften oder die Ordnung der Schule betreffende Vorschriften« verstoßen haben. In den anderen Bundesländern sind die Voraussetzungen für einen zeitweiligen Schulausschluss ähnlich (unkonkret) gehalten. Betrachtet man nun genau die gesetzlichen Formulierungen und versucht, einzelne Wörter zu definieren, könnte der eine oder andere sich mit dieser Aufgabe nicht leichttun. Zudem könnte der Effekt eintreten, dass Personen unterschiedliche Vorstellungen von den Begriffen haben könnten. Ein Fehlverhalten könnte von jemandem als schwer eingeordnet werden, während ein anderer dieses eher als leichtes Vergehen einstuft. Auch eine »Gefährdung« könnte auf verschiedene Art und Weise interpretiert werden. Da Personen, die sich mit schulrechtlichen Fragestellungen beschäftigen oder in diesem Zusammenhang Entscheidungen treffen müssen, immer vielfältige Sichtweisen und Blickwinkel auf schulrechtliche Sachverhalte haben werden, ist es keine Überraschung, dass diese Personen auch schulrechtliche Begriffe nicht einheitlich definieren oder verschiedene Vorstellungen davon haben.

Bereits durch die Wortwahl in den Vorschriften ergeben sich daher einige Möglichkeiten, wie Regelungen aufgefasst und welche Rückschlüsse daraus gezogen werden könnten. Diese offengelassenen Inhalte einer Vorschrift werden als sogenannte »unbestimmte Rechtsbegriffe« bezeichnet. Diese sind durchaus rechtlich zulässig. Da sich Gesetze, Verordnungen oder auch Verwaltungsvorschriften auf eine Vielzahl von Personen und Sachverhalten beziehen, ist es dem Gesetzgeber schlichtweg nicht möglich, jede rechtliche Regelung so genau zu konkretisieren, dass der Inhalt immer gleich verstanden wird. Dem Gesetzgeber ist es aus diesem Grund erlaubt, rechtliche Begriffe in einer Weise zu formulieren, dass zahlreiche Konstellationen von ihnen abgedeckt werden können und der Inhalt im Zweifel etwas vage bleibt.

DER BLICK IN DIE GLASKUGEL

Teilweise sind Regelungen auch so formuliert, dass Schulleitungen und Lehrkräfte eine Prognose treffen müssen. Für einen dauerhaften Schulausschluss eines Schülers in Baden-Württemberg wäre es beispielsweise erforderlich, dass durch den Verbleib des Schülers in der Schule eine Gefahr für die Erziehung, die sittliche Entwicklung, die Gesundheit oder die Sicherheit der Mitschüler gegeben wäre. Hier wäre nicht nur die Problematik der »unbestimmten Rechtsbegriffe« gegeben – überlegen Sie zum Beispiel, was Sie unter dem Stichwort »sittliche Entwicklung« verstehen –, sondern es müsste darüber hinaus eine Prognose vom Schulleiter aufgestellt werden, da heißt, der Schulleiter müsste beurteilen, ob durch das Verhalten des Schülers in der Zukunft eine Gefahr für eines der genannten Rechtsgüter (also die Erziehung, sittliche Entwicklung, Gesundheit und Sicherheit der Mitschüler) auftreten wird. Wie Sie sicher nachvollziehen können, birgt auch diese Aufgabe enorme Herausforderungen für die Schulleitungen und Lehrkräfte.

DAS ERMESSEN

Viele schulrechtliche Vorschriften enthalten zudem eine Form des Ermessens. Unter einem »Ermessen« ist ein gewisser Entscheidungsspielraum des Rechtsanwenders hinsichtlich der Rechtsfolge (der rechtlichen Konsequenz) einer Regelung zu verstehen. Für den juristischen Laien ergibt das oft wenig Sinn, denn wenn ein bestimmter Sachverhalt vorliegt, dann müsste es doch nur eine richtige Rechtsfolge (Konsequenz) geben? Dies ist bei rechtlichen Sachverhalten jedoch nicht immer der Fall. Es gibt im öffentlichen Recht eine Menge sogenannter »Muss«-, »Kann«- und »Soll«-Vorschriften. Bei den »Kann«-Regelungen steht es dem Rechtsanwender frei, die angegebene Rechtsfolge auszuwählen, während bei den »Muss«- und »Soll«-Vorgaben grundsätzlich eine bestimmte Rechtsfolge ergriffen werden muss.

In den Berliner Ausführungsvorschriften zu Beurlaubungen und Befreiungen vom Unterricht werden mögliche Gründe für eine Beurlaubung eines Schülers vom Unterricht aufgeführt. Hier heißt es in Ziff. 1: »Schülerinnen und Schüler können auf vorherigen schriftlichen Antrag ihrer Erziehungsberechtigten aus einem wichtigen Grund vom Unterricht beurlaubt werden [...]. Von einem wichtigen Grund kann insbesondere ausgegangen werden bei [...]«. Nachfolgend finden sich in der Regelung dann einige Gründe, die eine Beurlaubung des Schülers vom Schulbesuch rechtfertigen können. Diese sind allerdings nicht zwangsläufig von der Schulleitung als Beurlaubungsgründe anzuerkennen, sondern können lediglich von ihr berücksichtigt werden. Die Vorschrift ist somit als »Kann«-Vorschrift einzuordnen.

Der Schulleitung wird es so ermöglicht, den Sachverhalt und die Umstände des Schülers umfassend zu würdigen und nicht zwingend eine Beurlaubung ablehnen oder gewähren zu müssen. Stellen Sie sich in diesem Zusammenhang zwei Konstellationen vor: In der ersten Variante war ein Schüler selten krank, zeigt gute Leistungen im Unterricht und möchte nun für zwei Wochen an einem (privaten)

Auslandsschulbesuch teilnehmen, der während der Schulzeit stattfindet. Ein zweiter Schüler beantragt ebenfalls eine Beurlaubung für diesen Auslandsschulbesuch, er hat aber in dem Schuljahr bereits mehrere Wochen aufgrund von Krankheit gefehlt, wodurch seine Leistungen derzeit auf wackeligen Beinen stehen. Die Schulleitung, die über die Beurlaubungen entscheidet, kann nun auf dieser Grundlage beurteilen, ob beiden Schülern die Beurlaubung gewährt oder der zweite Schüler auf einen späteren Zeitraum vertröstet wird. Durch die Formulierung der Vorschrift ist es ihr möglich, Entscheidungen situationsangemessen zu treffen.

Eine wichtige Rolle spielt das Ermessen auch bei Erziehungs- und Ordnungsmaßnahmen. Diese kommen ins Spiel, wenn sich ein Schüler ein Fehlverhalten zuschulden kommen ließ. In Hamburg gibt beispielsweise § 49 des Schulgesetzes vor: »In der Grundschule können zur Lösung schwerwiegender Erziehungskonflikte folgende Ordnungsmaßnahmen getroffen werden:« Anschließend werden dann mögliche Erziehungs- und Ordnungsmaßnahmen aufgezählt. Wenn ein Fehlverhalten eines Schülers vorliegt, muss die jeweilige Lehrkraft oder Schulleitung nicht zwingend auch eine Maßnahme ergreifen. Ihr kommt vielmehr ein Ermessen zu, ob sie überhaupt in irgendeiner Form tätig wird. Wie dieses Ermessen bei den Erziehungs- und Ordnungsmaßnahmen in der Praxis richtig ausgeübt wird, erläutere ich genauer im Abschnitt »Erziehungs- und Ordnungsmaßnahmen«, Seite 75ff.

DIE PÄDAGOGISCHE FREIHEIT DER LEHRKRÄFTE

Die sogenannte pädagogische Freiheit räumt den Lehrkräften Handlungsspielräume und Entscheidungsbefugnisse im Schulalltag ein. Die Lehrkräfte können selbst entscheiden, welche Lehr- und Lernmethoden sie nutzen, wie sie ihre Schüler bestmöglich erziehen und wann sie den Unterrichtsstoff, der im Lehrplan vorgegeben ist, innerhalb des Schuljahres vermitteln. Auch die Schwerpunkte bezüglich der behandelten Unterrichtsinhalte können sie eigenständig festlegen. Die Lehrkräfte bestimmen also, wie ausführlich die Themen besprochen werden und welche Ausflüge (z. B. zu Museen, Theatern oder Unternehmen) hierzu unternommen werden könnten. Die Unterrichtsmittel müssen jedoch immer für die jeweiligen Schüler geeignet sein und auch dem Lehrplan und dem Profil der Schulart entsprechen. Themen, die im Lehrplan für die Klassenstufe 10 vorgesehen sind, können folglich nicht bereits in der 8. Klasse erörtert werden. Mithilfe der pädagogischen Freiheit können die Lehrkräfte ihrer erzieherischen Verantwortung gerecht werden und situativ im Unterricht handeln. Die pädagogische Freiheit wirkt sich auch positiv auf die Selbstentfaltung der Kinder aus, da es den Lehrkräften dadurch möglich ist, bewusst auf individuelle Bedürfnisse der Schüler einzugehen.

GERICHTLICHE KONTROLLE

Jeder Bürger in der Bundesrepublik Deutschland kann aufgrund der im Grundgesetz gewährleisteten Rechtsschutzgarantie Maßnahmen der öffentlichen Gewalt von einem Gericht überprüfen lassen. Zu dieser öffentlichen Gewalt gehört auch die Schule, und Eltern zählen naturgemäß zu den Bürgern, die diesen Anspruch geltend machen können. Im schulischen Bereich werden Maßnahmen allerdings nicht vollumfassend durch Gerichte kontrolliert. Dass hier ein paar Abstriche gemacht werden, hat gute Gründe. Das jeweilige Gericht prüft nur, ob die Schule eine rechtliche Vorschrift richtig angewendet hat. Wenn aber eine Regelung durch unbestimmte Rechtsbegriffe oder ein eingeräumtes Ermessen nicht ganz eindeutig ist und den Lehrkräften oder der Schulleitung damit Handlungsspielräume eröffnet wurden, kann die gerichtliche Beurteilung diese natürlich nicht wieder zumauern und eigenhändig ersetzen. Dies wäre nicht Sinn und Zweck der Sache. Nicht die Gerichte sollen darüber entscheiden, ob eine bestimmte Maßnahme, beispielsweise ein Schulausschluss oder die Beurlaubung eines Schülers, pädagogisch zweckmäßig war. Diese Einschätzung trifft allein die Schulleitung beziehungsweise treffen die Lehrkräfte. Über deren – fachmännische – Wertung sollen und dürfen sich die Gerichte nicht hinwegsetzen.

Bei Ermessensentscheidungen prüft das Gericht daher nicht, ob sich die Schule für die richtige Rechtsfolge entschieden hat, sondern nur, ob sie ihr Ermessen korrekt ausgeübt hat. Ansonsten würde das Gericht die inhaltliche Entscheidung für die Schule treffen. Im Fall der Beurlaubung des Schülers für einen Auslandsschulbesuch urteilt das Gericht lediglich, ob die Erwägungen der Schulleitung sachfremd waren (z. B. wenn die Ablehnung der Schulleitung darauf basiert, dass sie den Schüler nicht persönlich aus dem Unterricht kennt) oder eine Rechtsfolge gewählt wurde, die nicht von der Rechtsvorschrift abgedeckt ist (wenn beispielsweise die Beurlaubung zwar grundsätzlich gewährt wird, aber verpflichtende Bedingungen an sie geknüpft werden). Zudem ist insbesondere bei Sachverhalten, die im Nachhinein schwierig nachzuvollziehen sind – zum Beispiel bei mündlichen Leistungsfeststellungen – der Maßstab der gerichtlichen Kontrolle begrenzt. Die Richter des Gerichts waren schließlich bei der mündlichen Prüfung des Schülers nicht dabei und können sich also nur an den Aussagen des Schülers, seiner Prüfer und des Protokolls orientieren. Der Prüfungsumfang des Gerichts bemisst sich nur danach, ob die Tatsachen korrekt ermittelt und allgemein gültige Bewertungsmaßstäbe und Verfahrensvorschriften beachtet wurden.

FAKT IST …

Wie eben ausgeführt, werden sowohl Schulleitungen, Lehrkräften als auch der Schulverwaltung durch die Art und Weise der Formulierung der Regelungen gewisse Handlungsspielräume eröffnet. Die Verwendung von unbestimmten Rechtsbegriffen und das Einräumen von Ermessen durch den Gesetzgeber ist dabei kein Versehen, sondern eine bewusste Entscheidung, um den Beteiligten im Schulwesen – rechtlich abgesicherte und kontrollierbare – Freiräume zu ermöglichen. Hierdurch können Lehrkräfte und Schulleitungen die Umstände des jeweiligen Einzelfalles ausreichend berücksichtigen und die gesetzlichen Regelungen individuell und sachgerecht umsetzen.

DER VERWALTUNGSAKT: DER HEILIGE GRAL

Als kleine Ergänzung zu den rechtlichen Grundlagen folgt nun der »heilige Gral« des Schulrechts. Gemeint ist der sogenannte »Verwaltungsakt«. Wenn Ihnen dieser Begriff so gar nichts sagt, geht es Ihnen wie den meisten Bürgern. Gegebenenfalls haben Sie vielleicht im Beamtendeutsch schon einmal den Begriff »Bescheid« gehört. Dieser »Bescheid« ist lediglich ein Synonym für den Verwaltungsakt, der eine grundlegende Handlungsform der öffentlichen Verwaltung darstellt. In Form des Verwaltungsakts trifft eine Behörde eine verbindliche Entscheidung für eine bestimmte Person und einen konkreten Einzelfall, und durch einen Verwaltungsakt kann die Verwaltung Maßnahmen treffen, um Gesetze zu vollziehen.

Bestimmt kennen Sie die Form des Bescheides bereits aus anderen Bereichen des Lebens. Denken Sie etwa an den jährlichen Steuerbescheid des Finanzamtes oder im Baurecht an die Baugenehmigung, die von einer Behörde erteilt wird. Sofern Sie ein Grundstück besitzen und darauf bauen wollen, müssen Sie beim zuständigen Bauamt eine Genehmigung beantragen. Sie erhalten dann (bestenfalls) eine Baugenehmigung. Die Behörde hat vorab Ihr Vorhaben geprüft und die Entscheidung getroffen, dass Sie auf einem bestimmten Grundstück ein Haus errichten dürfen. Diese Baugenehmigung bildet dann den Verwaltungsakt. Falls Sie eine Steuererklärung abgeben, erhalten Sie nach einigen Wochen (oder Monaten) ein Schreiben, in dem Ihnen das Finanzamt verbindlich mitteilt, ob Sie eine Rückzahlung erhalten oder etwas nachzahlen müssen. Auch dieses Schreiben stellt einen Verwaltungsakt dar. Nur im Schulwesen kommt dem Bescheid – sicher aufgrund der im Vergleich zum Steuer- und Baurecht geringen Anwendungsfälle im alltäglichen Leben – wenig Aufmerksamkeit zu.

WIE WIRKT EIN VERWALTUNGSAKT IN DER SCHULE?

Ein Verwaltungsakt kann sich für einen Schüler sowohl positiv als auch negativ auswirken. Das heißt, entweder wird der Schüler durch den Bescheid begünstigt (beispielsweise, weil er durch sein Zeugnis mit den entsprechenden Noten in die nächste Klassenstufe versetzt wird) oder es wird in seine Rechte eingegriffen (z. B. weil die Schulleitung entschieden hat, den Schüler für fünf Tage vom Unterricht auszuschließen). Der Verwaltungsakt steht am Ende eines Verwaltungsverfahrens. Die Schule kann nicht sofort einen Bescheid erlassen, sondern muss erst einmal die notwendigen Informationen einholen, um den Fall korrekt bewerten zu können. Im Rahmen dieses Verwaltungsverfahrens prüft die Schule den jeweiligen Sachverhalt. Bei dem Schüler beispielsweise, der einen Mitschüler die Treppe heruntergestoßen hat, ist die Schule daher in der Verantwortung, alle relevanten Tatsachen zu ermitteln.

Eltern stehen während des Verwaltungsverfahrens einige Rechte zu, die sie für ihre minderjährigen Kinder wahrnehmen können. Hierzu gehören die Akteneinsicht (siehe Abschnitt »Akteneinsicht«, S. 44) und das Recht, sich durch einen Bevollmächtigten vertreten zu lassen. Zudem muss grundsätzlich eine Anhörung stattgefunden haben (siehe Abschnitt »Anhörung«, S. 46f.), wenn ein Verwaltungsakt in die Rechte eines Schülers eingreift.

WAS FÄLLT UNTER EINEN »VERWALTUNGSAKT«?

Nicht jedes rechtliche Handeln der Schule ist als Verwaltungsakt einzuordnen. Hierfür müssen vielmehr bestimmte Voraussetzungen vorliegen. Die häufigsten Anwendungsfälle für einen Bescheid sind Erziehungs- und Ordnungsmaßnahmen und Versetzungsentscheidungen (Zeugnisse). Soweit ein Schüler beispielsweise aufgrund schlechter Noten nicht versetzt wird oder infolge einer Beleidigung eines anderen Schülers zwei Stunden nachsitzen muss, liegt jeweils ein Verwaltungsakt vor.

Darüber hinaus sind folgende schulischen Sachverhalte als Verwaltungsakt einzustufen:

- Die Ablehnung eines beantragten Schulplatzes oder die Aufnahme eines Schülers an einer bestimmten Schule
- Die Genehmigung oder Ablehnung eines Antrags auf Zurückstellung von der Schulpflicht im Rahmen der Einschulung (siehe Abschnitt »Schulpflicht«, S. 168)
- Einzelne Noten im Schulzeugnis bei Abschlussprüfungen (z. B. Abiturprüfung, Realschulprüfung) und die Kursnoten in den Zeugnissen der Oberstufe (siehe Abschnitt »Beschwerde gegen Noten«, S. 59f.)
- Die Gewährung oder Ablehnung eines beantragten Nachteilsausgleiches (siehe Abschnitt »Nachteilsausgleich und Notenschutz«, S. 131f.)
- Die Zulassung oder Nichtzulassung zur Abiturprüfung
- Die Zuerkennung oder Nichtzuerkennung der allgemeinen Hochschulreife
- Die Gewährung oder Ablehnung einer beantragten Beurlaubung (siehe Abschnitt »Beurlaubung von der Schule«, S. 61f.)
- Ein Hausverbot gegen Eltern (siehe Abschnitt »Hausverbot«, S. 103f.)
- Eine Entlassung eines Schülers aus der Schule (z. B. weil der Schüler wiederholt nicht versetzt wurde)

Keine Verwaltungsakte stellen folgende Situationen dar:

- Pädagogische und erzieherische Maßnahmen (z. B. Ermahnungen des Schülers oder die Aufforderung des Schülers, den Sitzplatz im Klassenzimmer zu wechseln)
- Grundsätzlich die einzelnen Noten im Schulzeugnis (beispielsweise eine schlechte Englischnote im Zeugnis der Klassenstufe 7)

WO KANN MAN EINEN VERWALTUNGSAKT KONTROLLIEREN LASSEN?

Verwaltungsakte können mit Rechtsbehelfen überprüft werden. In der Regel wird ein Widerspruch gegen die entsprechende Entscheidung der Schule eingelegt. Dieser kann von den Eltern direkt an die Schule oder die Schulaufsichtsbehörde übermittelt werden. Hierzu haben Eltern grundsätzlich einen Monat Zeit. Danach ist der Verwaltungsakt nicht mehr rechtlich angreifbar und kann nur noch von der Behörde selbst unter bestimmten Voraussetzungen zurückgenommen werden. Was es genau mit dem Widerspruch auf sich hat, wird im Abschnitt »Widerspruch«, S. 202ff., erklärt.

DIE ROLLE DER SCHULAUFSICHT IM BEHÖRDENDSCHUNGEL

Das gesamte Schulwesen steht unter der Aufsicht des Staates. Für den Schulbereich sind die Schulaufsichtsbehörden zuständig. Die Schulaufsicht beaufsichtigt die Schulen und betreut und verwaltet sie organisatorisch. In den Schulaufsichtsbehörden arbeiten Personen, die diverse Aufgaben haben. Neben dem klassischen Verwaltungspersonal, wie den Juristen, Sachbearbeitern und der Registratur, sind viele Pädagogen im Einsatz, die sich den pädagogischen Fragestellungen der Schule annehmen sowie beispielsweise für die Einstellung von neuem Lehrpersonal zuständig sind.

Es gibt in den Bundesländern, insbesondere in den größeren, nicht die eine Schulaufsichtsbehörde. Die Schulaufsicht ist vereinzelt dreistufig aufgebaut, bestehend aus der obersten Schulaufsichtsbehörde (dem Bildungsministerium), den oberen Schulaufsichtsbehörden (z. B. den Regierungspräsidien, Bezirksregierungen, Regierungen) und den unteren Schulaufsichtsbehörden (die Schulämter). In den kleineren Bundesländern ist lediglich eine zweistufige Gliederung oder nur eine Verwaltungsebene vorhanden. Die Bildungsministerien erstellen maßgeblich die jeweiligen Regelungen für den Schulbereich. Hierzu zählen unter anderem die Bildungs- und Lehrpläne, die Prüfungsordnungen oder die Aufnahmeverfahren an den Schularten. Daneben sind die Ministerien für die Vorgaben zur Aus- und Fortbildung der Lehrkräfte zuständig. Im Aufgabenbereich der oberen und – soweit vorhanden – der unteren Schulaufsichtsbehörden liegt hingegen die Betreuung und Beaufsichtigung der Schulen und Lehrkräfte. Die theoretischen Grundlagen kommen also meist von den Bildungsministerien, die konkrete Umsetzung erfolgt durch die nachgeordneten Schulaufsichtsbehörden.

AUFSICHT IST NICHT ALLES

Die Schulaufsicht verfolgt das Ziel, die Qualität des Schulwesens zu wahren, um einen pädagogisch wertvollen Schulbesuch der Schüler zu ermöglichen. Sie hat neben der Aufsicht über die Schulen in ihrem Zuständigkeitsbereich eine beratende Funktion, sodass die Schulen jederzeit Fragen stellen und Unterstützungsbedarf anmelden können.

WIE KANN MAN DIE SCHULAUFSICHTSBEHÖRDEN KONTAKTIEREN?

In der Regel ist der Aufbau der Schulaufsichtsbehörden auf der Webseite des Bildungsministeriums des entsprechenden Bundeslandes abgebildet. Hier findet man meist auch Verweise zu den zuständigen Ansprechpartnern in der Schulverwaltung, um sie bei Fragen, Anregungen oder Problemen kontaktieren zu können. Um Ihnen etwas Zeit zu sparen, sind am Ende dieses Buches die verschiedenen Schulaufsichtsbehörden samt ihrer Kontaktdaten aufgelistet (siehe ab S. 219).

SCHULISCHE THEMEN

Sicher haben Sie als Leser oder Leserin einen Grund, warum Sie dieses Buch gekauft haben. In diesem umfangreichen Kapitel werden zahlreiche schulische Themen besprochen, auf die man im Schulwesen stoßen kann. Vielleicht sind Sie mit dem einen oder anderen Thema schon in Kontakt gekommen oder haben davon zumindest einmal gehört.

Anders als für Gebiete des Verwaltungsrechts, mit denen Otto Normalverbraucher eher wenig alltägliche Berührungspunkte hat (man bedenke das schier undurchdringliche Wasser- oder Atomrecht), besteht für Themen im Schulwesen ein großes Interesse in der Öffentlichkeit. Sowohl die Lokal- als auch die überregionalen Zeitungen beschäftigen sich gerne mit den aktuellen Themen und Regelungen im Schulbereich. Zudem wollen zu vielen schulischen Themen – ähnlich wie beim Fußball – viele Menschen ihre Meinung mitteilen. Häufig gibt es auch gegensätzliche Ansichten, wenn es um die Frage geht, wie und was Schüler lernen sollen.

Im Folgenden sind zahlreiche schulische Themen von A – Z aufgeführt. Wenn Sie dort einen Verweis auf einen anderen Abschnitt finden, ist das ein Hinweis, dass dort zu dem entsprechenden Thema noch tiefer gehende Ausführungen enthalten sind. Wie Sie bereits meinen einleitenden Worten entnehmen konnten, sind die Rechtswissenschaften und insbesondere das Schulrecht nicht unbedingt immer leicht zu verstehen. Lassen Sie sich daher nicht entmutigen, wenn Sie mit dem einen oder anderen Gesetz konfrontiert werden, von dem Sie noch nie etwas gehört haben, oder wenn sie einen komplexen Themenbereich nicht im ersten Anlauf nachvollziehen können. Dies legt sich – versprochen. Wenn Sie dieses Buch gelesen haben, sind Sie auf jeden Fall ein angehender Schulexperte und für den Schulalltag bestens gewappnet.

ABWESENHEITSZEITEN VON SCHÜLERN

»Mama, ich habe Fieber. Ich glaube, ich muss heute zu Hause bleiben.« So tönt es tagtäglich aus den Kinderzimmern. Für das Kind bedeutet es einen ruhigen Tag im Bett, für die Eltern meist eher Stress. Neben der organisatorischen Frage, wer das kranke Kind nun versorgt, müssen sie auch einer wichtigen Verpflichtung nachkommen, nämlich die Schule über die Krankheit des Kindes zu informieren. Sollte ein Schüler aus irgendwelchen Gründen die Schule nicht besuchen können, müssen die Eltern ihr Kind bei der Schule entschuldigen, indem sie das Fehlen dort melden. Dabei müssen Eltern zum einen den Grund (z. B. »Das Kind ist krank.«) als auch die (voraussichtliche) Dauer der Schule mitteilen. Falls Eltern ihr Kind bei der Schule telefonisch oder per E-Mail entschuldigen, ist zudem eine schriftliche Entschuldigung nachzureichen. Volljährige Schüler (siehe Abschnitt »Volljährigkeit«, S. 200f.) dürfen sich selbst eine Entschuldigung ausstellen.

Das heißt für die Praxis: Sie rufen bestenfalls vor Schulbeginn im Schulsekretariat an und teilen mit, dass Ihr Kind krank ist – oder aus anderen Gründen nicht die Schule besuchen kann. Alternativ können Sie auch eine E-Mail schreiben oder Ihre Nachricht auf einer digitalen Plattform der Schule mitteilen. Im Nachgang hierzu müssen Sie Ihr Kind noch schriftlich entschuldigen, beispielsweise handschriftlich auf einem Blatt Papier mit ihrer Unterschrift. Dieses Schriftstück geben Sie entweder Ihrem (wieder gesunden) Kind in die Schule mit oder händigen es selbst im Schulsekretariat aus. Achtung, für die Abgabe der schriftlichen Entschuldigung gibt es je nach Schule eine bestimmte Frist, innerhalb der die schriftliche Entschuldigung vorliegen muss. Wenn der Schüler wieder gesund ist, muss er seine Unterrichtsversäumnisse eigenständig – gegebenenfalls mithilfe der Unterrichtsmaterialien, die durch Mitschüler und Lehrkräfte bereitgestellt werden – nacharbeiten.

Wenn der Schüler nicht korrekt entschuldigt wurde, könnten hierdurch Nachteile auf ihn zukommen. Beispielsweise können Fehltage im Schulzeugnis vermerkt werden. Auch wird die Note »ungenügend« (Note 6) bei einem Test vergeben, wenn im Zeitraum der Krankheit eine Leistungskontrolle geschrieben wurde und der Schüler nicht entschuldigt war.

Eltern sollten die Schule über das Fehlen ihres Kindes jedoch nicht nur zügig informieren, um ihre Entschuldigungspflicht zu erfüllen. Falls ein Kind morgens nicht in der Schule ankommt, weil es beispielsweise einen Unfall hatte, dann kann die Schule zeitnah reagieren, wenn sie feststellt, dass ein Schüler fehlt. Eltern, die üblicherweise ihr Kind direkt am Morgen vor Beginn des Unterrichts bei der Schule entschuldigen, haben hierbei einen eindeutigen Vorteil gegenüber Eltern, die die Schule gewöhnlich erst im Verlauf des Vormittages kontaktieren. Im ersten Fall wird sich die Klassenlehrkraft in der Regel unmittelbar bei den Eltern über den Verbleib des Kindes erkundigen, während im zweiten Fall gegebenenfalls erst einmal abgewartet wird, ob noch ein Anruf der Eltern eingeht.

Vorausgesetzt, ein Schüler ist länger krank (je nach Bundesland zwischen drei und zehn Schultagen) oder fehlt auffällig häufig (beispielsweise immer ganz zufällig an den Tagen, an denen eine Matheklausur ansteht), kann die Schule ein ärztliches Attest einfordern, wenn der Schüler wieder von seinen Eltern entschuldigt wird. Unter diesen Voraussetzungen kann in allen Bundesländern außer Brandenburg sogar ein schul- oder amtsärztliches Zeugnis von dem Schüler verlangt werden. Hierzu müsste der Schüler dann zu einem Amtsarzt gehen, der den Schüler untersucht und beurteilt, ob dieser aufgrund seiner gesundheitlichen Lage die Schule besuchen kann. Hintergrund dieser streng anmutenden Regelung ist, dass Schüler vereinzelt sehr oft entschuldigt werden. Falls Kinder aber nur spärlich den Unterricht besuchen und zu den Leistungsfeststellungen fehlen, dann wird es irgendwann für die Lehrkräfte schwierig, am Ende des Schuljahres eine Note zu vergeben. Wenn ein Schüler stets an den Tagen abwesend ist, an denen eine Leistungskontrolle oder der Nachschreibetermin dafür ansteht, könnte dieser Umstand dazu führen, dass am Ende des Schuljahres zu wenig Noten vorhanden sind, um eine Versetzung des Schülers in die nächsthöhere Klassenstufe zu ermöglichen. Die verpflichtende Vorlage des ärztlichen oder amtsärztlichen Zeugnisses soll dem Schüler (und seinen Eltern) dienen und bewirken, dass der Schüler kontinuierlich am Unterricht und an den Leistungsfeststellungen mitwirkt.

PRAXISHINWEIS

Sollte die schriftliche Entschuldigung der Eltern (aus irgendwelchen Gründen) bei der Schule nicht aufzufinden sein, sind grundsätzlich die Eltern in der Pflicht, die Abgabe der Entschuldigung nachzuweisen. Aus diesem Grund empfiehlt es sich, dass Eltern darauf achten, dass das Schulsekretariat die Entschuldigung direkt bei der Abgabe schriftlich vermerkt, sodass es im Nachhinein zu keinen Unklarheiten kommt.

AKTEN

Wenn man an »Akten« denkt, hat man wohl zunächst stattliche Aktenberge im Kopf, vor der eine zusammengekauerte Person sitzt und sich die Frage stellt, wann denn endlich der Feierabend eingeläutet werden kann. Im Schulwesen kommt dieses Szenario glücklicherweise nicht so häufig vor. Hier werden lediglich Akten zu einzelnen Vorgängen (z. B. Abiturprüfungen) oder Personen (Personalakten der Lehrkräfte und Schüler) angelegt, welche die relevanten Angaben zu diesem Vorgang oder der Person enthalten.

In der Schule werden maßgeblich Akten zu den Schülern geführt. In diesen Akten werden wesentliche Informationen über den Schüler, dessen Eltern und sein Schulverhältnis abgelegt. Da die Akten viele vertrauliche Daten enthalten, sollte unbedingt darauf geachtet werden, dass sie nicht frei zugänglich in der Schule aufbewahrt werden und vor unbefugten Zugriffen geschützt sind.

Die Schülerakte enthält insbesondere folgende Informationen:

- Den Namen und die Anschrift des Schülers
- Die Kontaktdaten des Schülers und seiner Eltern (z. B. Telefonnummer, E-Mail)
- Das Geschlecht und das Geburtsdatum sowie den Geburtsort des Schülers
- Die Staatsangehörigkeit des Schülers und seiner Eltern
- Informationen zum Schulverhältnis und zur bisherigen schulischen Laufbahn (beispielsweise Kopien der Zeugnisse, gewährte Beurlaubungen, vergangene Erziehungs- und Ordnungsmaßnahmen, Fehlzeiten, Mitwirkung in der Schülervertretung)

Es dürfen bewusst nur die Daten aufgenommen werden, die zur Erfüllung der Aufgaben der Schule auch wirklich notwendig sind. Eine ausschweifende Dokumentation der Schülerpersönlichkeit oder sonstiger Verhaltensweisen darf dort nicht erfolgen. Es ist aus diesem Grund in der Schülerakte beispielsweise nicht als Randnotiz aufzuführen, welcher beruflichen Tätigkeit die Eltern nachgehen oder dass der Schüler regelmäßig in löchrigen Jeans in der Schule erscheint. Zudem darf die Schülerakte bei einem Schulwechsel nicht vollumfassend an die neue Schule weitergegeben werden. Lediglich bestimmte Daten dürfen übermittelt werden (siehe Abschnitt »Schulwechsel«, S. 176f.).

Akteneinsicht

Im Zusammenhang mit dem Thema »Akten« kommt schnell die Frage auf, ob und in welchen Fällen Schüler oder Eltern Einsicht in die Schulakten nehmen können. Vorab die gute Nachricht – sowohl auf der Grundlage des Datenschutzrechts als auch der Verwaltungsverfahrensgesetze: Es gibt diese Möglichkeit. Der Antrag auf Akteneinsicht kann von den Eltern direkt an die Schule gerichtet werden und bedarf keiner bestimmten Form. Es empfiehlt sich für Eltern, den Antrag schriftlich zu stellen.

Im Rahmen eines Verwaltungsverfahrens (das heißt, bevor ein Verwaltungsakt erlassen wird) haben die Beteiligten des Verfahrens das Recht, die hierzu vorhandenen Akten zu prüfen. Wenn gegen einen Schüler beispielsweise eine Erziehungs- und Ordnungsmaßnahme (siehe Abschnitt »Erziehungs- und Ordnungsmaßnahmen«, S. 75f.) verhängt werden soll und zu diesem Vorgang Aufzeichnungen (z. B. Aussagen von Lehrkräften oder Mitschülern) hinterlegt sind, dann kann vom Schüler und von seinen Eltern beantragt werden, sich diese Unterlagen ansehen zu dürfen. Während volljährige Schüler das Recht zur Akteneinsicht selbst wahrnehmen können, werden minderjährige Schüler von ihren Eltern vertreten.

Auch außerhalb eines laufenden Verwaltungsverfahrens haben Eltern einen Anspruch, zu erfahren, welche personenbezogenen Daten die Schule über sie oder ihre minderjährigen Kinder gespeichert hat. Mit personenbezogenen Daten sind Informationen gemeint, die sich auf eine bestimmte Person beziehen und Rückschlüsse auf ihre Persönlichkeit erlauben (z. B. Name, Adresse, Alter, Noten). Infolge des datenschutzrechtlichen Auskunftsrechts muss die Schule dann die ihr vorliegenden Daten offenlegen.

PRAXISHINWEIS

Eine Akteneinsicht wird oftmals auch für Prüfungsunterlagen beantragt. Nach Abschluss der Prüfungen können Schüler die von ihnen angefertigten Arbeiten einschließlich der Anmerkungen der Korrektoren und der Notenbegründungen durchsehen. Die Einsicht wird in der Regel unmittelbar an der Schule unter der Aufsicht einer Lehrkraft wahrgenommen. Selbstverständlich können die Unterlagen dort auch (kostenpflichtig) kopiert und dann in Ruhe zu Hause studiert werden. Die Schüler haben das Recht dazu.

ANFECHTUNGSKLAGE

Kommen wir zu der ersten Klageart, die im Schulwesen eine wichtige Rolle spielt – der sogenannten »Anfechtungsklage«. Wie der Name schon sagt, wird hierbei etwas angefochten und damit dessen Richtigkeit angezweifelt. Im Schulrecht ist das meist ein bestimmter Verwaltungsakt. Wenn ein Verwaltungsakt für einen Schüler nachteilig ist, können Eltern mithilfe einer Anfechtungsklage auf gerichtlichem Wege versuchen, diesen aus der Welt zu schaffen. Im schulischen Bereich sind beispielsweise ein dauerhafter Schulausschluss oder der Verweis eines Schülers in die Parallelklasse gängige Themen, bei denen Anfechtungsklagen zum Einsatz kommen. Im Rahmen des gerichtlichen Verfahrens wird der Verwaltungsakt von einem Verwaltungsgericht überprüft. Sollte der Verwaltungsakt nicht rechtmäßig ergangen sein, wird dieser vom Verwaltungsgericht aufgehoben und hat keine Wirkung mehr für den Schüler.

Eine neue Entscheidung wird durch die Anfechtungsklage nicht erreicht. Das heißt, falls Ihr Kind nicht in die nächsthöhere Klassenstufe versetzt wurde und Sie aber genau diese Versetzung erreichen wollen, hilft Ihnen die Anfechtungsklage gegen das Schulzeugnis nicht weiter. Wie Sie hier richtig vorgehen, wird im Abschnitt »Besonderheiten [des Widerspruchs] bei der Nichtversetzung in die nächsthöhere Klassenstufe«, S. 205, erläutert.

So weit, so gut. Sollten Sie jetzt allerdings mit eiligen Schritten den Weg zum Gericht einschlagen wollen, muss ich Sie bremsen. Bevor eine Anfechtungsklage erhoben werden kann, ist es zunächst erforderlich, dass der Verwaltungsakt noch einmal von der Schule und danach von der zuständigen Schulaufsichtsbehörde kontrolliert wird. Eltern müssen hierfür einen Widerspruch (siehe Abschnitt »Widerspruch«, S. 207f.) bei der Schule oder der Schulaufsichtsbehörde einlegen. Erst wenn über diesen Widerspruch entschieden worden ist und der Verwaltungsakt nicht abgeändert oder aufgehoben wurde, kommt eine Anfechtungsklage in Betracht. Durch diese zusätzliche Überprüfungsinstanz können in der Praxis oftmals Verwaltungsakte aufgehoben oder korrigiert werden, sodass nicht gleich der Gang zum Verwaltungsgericht notwendig und ein (langwieriges) gerichtliches Verfahren vermieden wird. Sollte Ihr Kind also kürzlich einen Schulausschluss kassiert haben (den Sie für nicht sachgerecht halten), dann müssten Sie folglich als ersten Schritt einen Widerspruch verfassen und diesen an die Schule oder die Schulaufsichtsbehörde richten. Falls diese weiterhin an dem Verwaltungsakt festhalten, dann steht Ihnen der Klageweg in Form der Anfechtungsklage offen.

ANHÖRUNG

Bevor die Schule einen nachteiligen Verwaltungsakt erlässt, müssen grundsätzlich Sie (sofern Ihr Kind minderjährig ist) und Ihr Kind vorab zur Sache angehört werden. Wenn ein Schüler zum Beispiel aufgrund seines Fehlverhaltens aus der Schule ausgeschlossen werden soll, muss dieser sich zuvor äußern dürfen, um auch seine Perspektive einbringen zu können. Jede Geschichte hat schließlich zwei Seiten. Schüler und Eltern dürfen im Rahmen der Anhörung alles vortragen, was sie für wichtig erachten. Beispielsweise können sich die Ausführungen auf tatsächliche Gründe (z. B. der Vorfall hat sich ganz anders zugetragen) als auch auf rechtliche Aspekte beziehen (beispielsweise, dass der Schulausschluss gänzlich überzogen ist). Der Schüler und seine Eltern müssen sich nicht zwingend erklären oder eine Stellungnahme abgeben, es ist ihnen lediglich die Gelegenheit hierzu zu geben. In bestimmten Fällen, beispielsweise, weil eine Entscheidung sehr schnell getroffen werden muss, kann die Anhörung auch entfallen. Dies stellt jedoch eine Ausnahme von der grundsätzlich einzuhaltenden Vorgehensweise dar.

Wie läuft die Anhörung beispielhaft im Falle einer drohenden Ordnungsmaßnahme ab? Stellen wir uns vor, dass der 13-jährige Theodor in der Mittagspause seinen Mitschüler Lennard in der Toilette eingesperrt hat, weil dieser mal eine »ordentliche Lektion« verdient hat. Lennard saß dort fast 30 Minuten fest und wurde von einer Lehrkraft gefunden. Zunächst wird Lennard erst einmal von der Lehrkraft versorgt und dazu befragt, wie diese Situation zustande kam. Lennard erzählt daraufhin der Lehrkraft alles. Die Lehrkraft bringt nun Theodor und Lennard zur Schulleitung, woraufhin diese von beiden Schülern erste Informationen zum Vorfall einholt. Bevor sich die Schulleitung auf eine Maßnahme für Theodor festlegt, muss anschließend noch eine formale Anhörung von Theodor und seinen Eltern stattfinden, da Theodor erst 13 Jahre alt ist. Die Schulleitung kontaktiert also Theodors Eltern und vereinbart einen Termin. Theodors Eltern müssen nicht zwingend zum Termin in die Schule kommen, sie könnten sich auch schriftlich, telefonisch oder gar nicht zum Vorfall äußern. Da beiden aber der persönliche Kontakt zur Schule wichtig ist, entscheiden sie sich für ein Gespräch. Während der Anhörung teilt die Schulleitung den Eltern detailliert mit, was passiert ist und welche Erziehungs- oder Ordnungsmaßnahme beabsichtigt ist. Die Ausführungen von Theodor und seinen Eltern nimmt die Schulleitung zur Kenntnis und lässt sie in ihre Entscheidung bezüglich der Wahl der endgültigen Maßnahme einfließen. Über diese werden Theodors Eltern in den nächsten Tagen schriftlich per Post informiert.

PRAXISHINWEIS

Eine Anhörung soll nicht nur dazu dienen, dem Schüler und seinen Eltern die Gelegenheit zu geben, ihre Sicht der Dinge darzustellen. Sie soll vorwiegend die Beteiligten zu einem Austausch bewegen, um neben der Aufklärung des Geschehens und der Auswahl der richtigen Erziehungs- und Ordnungsmaßnahme auch die Hintergründe des Fehlverhaltens zu beleuchten. Oftmals wirkt ein Gespräch zwischen Schulleitung, Schüler und Eltern enorm klärend und trägt bereits zur Vermeidung künftigen Fehlverhaltens bei. Daher sollten Eltern unbedingt den Termin zur Anhörung wahrnehmen oder sich schriftlich äußern. Nur so können sie möglicherweise auch den weiteren Verlauf des Verfahrens – und insbesondere die Auswahl der Erziehungs- und Ordnungsmaßnahme – beeinflussen.

ATTESTE VON SCHÜLERN

Siehe Abschnitt »Abwesenheitszeiten von Schülern«, S. 40f.

AUFSICHTSPFLICHTEN VON LEHRKRÄFTEN

Nicht nur guter Unterricht oder die Erziehung der Schüler stehen im schulischen Alltag im Vordergrund. Eine zentrale Aufgabe der Lehrkräfte stellt ebenfalls die Beaufsichtigung der Schüler dar. Die Schüler verbringen einen Großteil ihres Tages in der Schule und können unter Umständen verschiedenen Gefahren ausgesetzt sein. Diese können von anderen Mitschülern ausgehen (beispielsweise, wenn ein Schüler Spaß daran findet, seinem Mitschüler in die Kniekehle zu treten) als auch durch den Schüler selbst herbeigeführt werden (z. B. ein Schüler, der im Klassenzimmer auf der Fensterbank sitzt und aus

Unachtsamkeit aus dem Fenster fällt). Regelmäßig werden Eltern in den Nachrichten mit Unfällen von Kindern konfrontiert, die sich in der Schule oder auf dem Schulgelände ereignet haben. Es ist daher nachvollziehbar, dass aus Elternsicht die Aufsichtspflicht eine hohe Priorität genießt und die Schule dieser sorgfältig und gründlich nachkommen muss, um die Schüler bestmöglich zu schützen. Wenn Schüler nicht ordnungsgemäß beaufsichtigt werden und hierdurch zu Schaden kommen, müssen die aufsichtsführenden Lehrkräfte mit ernsten Konsequenzen rechnen.

Die Aufgabe der Schulleitung ist es, die Lehrkräfte für die einzelnen Aufsichten einzuteilen. Sie erstellt einen Aufsichtsplan, aus dem hervorgeht, welche Lehrkraft wann und wo eine Aufsicht zu erfüllen hat. Die Aufsicht dient in erster Linie dem Schutz der Schüler, sie soll allerdings auch gewährleisten, dass die Hausordnung durch die Schüler eingehalten wird und andere Personen (z. B. Lehrkräfte, Hausmeister, Personen des Schulsekretariats, Eltern) nicht gefährdet werden. Die Art und Weise, wie die Aufsichten konkret zu erfolgen haben, kann allerdings nicht pauschal festgelegt werden, sondern die Schulleitung muss die gegebenen Umstände in ihre Planungen einbeziehen.

Aber worauf kommt es nun genau an? Zunächst müssen die Schüler in den Blick genommen werden, die beaufsichtigt werden sollen. Die verschiedenen Altersstrukturen der Schüler (von fünfjährigen Kindern in der Grundschule bis hin zu 19-jährigen Schülern am Gymnasium) erfordern unterschiedlich ausgeprägte Kontrollen durch die Lehrkräfte. Während minderjährige Schüler fast durchgehend beaufsichtigt werden müssen, sind bei volljährigen Schülern (siehe Abschnitt »Volljährigkeit«, S. 200f.) aufgrund deren bereits (meist) vorhandener Einsichtsfähigkeit Stichproben ausreichend. Daneben sind die Örtlichkeiten an der Schule und das mit ihnen verbundene Gefahrenpotenzial sowie auch das Persönlichkeitsbild der Schüler zu berücksichtigen. An einer Schule, bei der gerade viele Umbauten stattfinden, bedarf es einer engmaschigeren Aufsichtsführung als an einer Schule, bei der nicht zahlreiche Baustellen vorhanden sind. Eine festgelegte Anzahl von Lehrkräften, die die Aufsicht durchführen müssen, gibt es im Übrigen nicht. Es ist kein Zahlenschlüssel vorgegeben, wie viele Lehrkräfte mit der Aufsicht für eine bestimmte Schüleranzahl betraut werden müssen. In der Praxis würde ein solcher Zahlenschlüssel deshalb nicht funktionieren, da dieser ständig an verschiedene Aufsichtskonstellationen und die jeweilige Schüleranzahl angepasst werden müsste.

Im Hinblick auf die verschiedenen Situationen, die während des Schultages vorkommen, gilt für die Aufsicht in der Schule und auf dem Schulgelände Folgendes:

AUFSICHT IM UNTERRICHT

Unproblematisch ist die Aufsichtsführung, wenn alle Schüler in der Klasse sitzen und die Lehrkraft die ganze Zeit im Unterrichtsraum anwesend ist. Falls die Lehrkraft kurzzeitig (wenige Minuten) das Klassenzimmer verlassen muss, beispielsweise um etwas zu holen oder die Toilette aufzusuchen, ist dies in der Regel unbedenklich. Zudem darf eine Lehrkraft in den meisten Fällen die Aufsicht über zwei Klassen parallel ausüben. Beispielsweise war dies zu Zeiten der Corona-Pandemie erforderlich, wenn eine Lehrkraft den Unterricht von zu Hause erteilt hat und ihre Klasse in der Schule von einer anderen Lehrkraft beaufsichtigt werden musste. Insbesondere bei älteren Schülern muss keine lückenlose Beaufsichtigung erfolgen. Anders ist die Lage, wenn es sich um jüngere Kinder handelt, beispielsweise Grundschulkinder, oder wenn die Lehrkraft selbst bei kurzen Abwesenheitszeiten damit rechnen muss, dass einzelne Schüler Blödsinn anstellen. In diesen Fällen könnte ein vertrauenswürdiger Schüler geschickt werden, um vergessene Dinge zu holen oder Unterrichtsblätter zu kopieren. Der konstanten Anwesenheit der Lehrkraft bedarf es auch, wenn sich die Schüler in bestimmten Fachräumen (z. B. Chemieraum, Physikraum) aufhalten, da dies mit potenziellen Gefahren einhergeht (beispielsweise, wenn ein Schüler auf die Idee kommt, einem Mitschüler mit dem Bunsenbrenner einen neuen Haarschnitt zu verpassen). Die Schüler sollten daher hier durchgehend beobachtet werden.

AUFSICHT VOR UND NACH DEM UNTERRICHT

Bereits kurz vor und nach dem Unterricht (etwa jeweils zehn Minuten) sind die Schüler in der Schule oder auf dem Schulgelände zu beaufsichtigen, wobei die Aufsicht stichprobenartig durch die Lehrkräfte erfüllt werden kann. Am Ende des Unterrichtstages ist eine Aufsicht nicht erforderlich. Die Schüler treten dann ihren Heimweg an, den sie alleine meistern müssen.

AUFSICHT IN PAUSENZEITEN

Während der großen Pausen muss eine umfassende Aufsicht erfolgen, die bei älteren Schülern entfällt, die mit Erlaubnis der Erziehungsberechtigten das Schulgelände verlassen dürfen. Während der kleinen Pausen und der Freistunden genügt aufgrund des geringeren Gefährdungspotenzials lediglich eine eingeschränkte Aufsicht durch die Lehrkräfte.

AUFSICHT WÄHREND DER KLAUSUREN

Häufig kommt es vor, dass einzelne Schüler ihre Klausur etwas früher als ihre Mitschüler fertigstellen. Dann stellt sich die Frage, wo sich diese Schüler nun in der verbleibenden Zeit aufhalten beziehungsweise wie sie sich beschäftigen sollen. Viele Lehrkräfte geben den Schülern dann ein Zeichen, dass sie den Unterrichtsraum verlassen dürfen. Diese Vorgehensweise ist jedoch mitunter pädagogisch gar nicht optimal und schon gar nicht rechtlich zulässig. Wenn die

Schüler etwas älter sind und es sich um die letzte Unterrichtsstunde des Tages handelt, dann kann die Lehrkraft die Schüler nahtlos nach Hause gehen lassen. Falls die Klausur aber mitten am Vormittag stattfindet, würden die Schüler außerhalb des Unterrichtsraumes die Gänge umherwandeln und unbeaufsichtigt sein. Eventuell könnten sich auch andere Klassen davon gestört fühlen. Zudem ist auf die Schüler Rücksicht zu nehmen, die noch an ihrer Klausur arbeiten. Diese müssen sich konzentrieren, sind vielleicht sogar in Zeitnot, und könnten sich durchaus von den bereits fertigen Schülern – die eventuell noch lautstark ihre Sachen zusammenpacken – gestört fühlen. Im Sinne der Chancengleichheit ist es nicht fair, wenn sie nicht ebenso in Ruhe ihre Klausur fertigstellen dürfen. Von daher wäre es wohl die pragmatischste Lösung, wenn die Schüler einfach noch kurz sitzen bleiben und alle Schüler dann zusammen den Unterrichtsraum verlassen.

AUFSICHT AN BUSHALTESTELLEN

Eine Beaufsichtigung der Schüler an Bushaltestellen ist nur erforderlich, wenn diese entweder ausschließlich von den Schülern genutzt werden (sogenannte Schülerbushaltestellen) oder mit der Schule unmittelbar zusammenhängen – beispielsweise durch eine sehr ausgeprägte Nähe zur Schule. In den meisten Fällen dürfte es sich jedoch um reguläre Bushaltestellen handeln, für die die Schule keine Aufsicht stellen muss.

AUFSICHT AUF WEGEN ZU ANDEREN UNTERRICHTSSTÄTTEN (SPORTPLATZ, TURNHALLE, SCHWIMMBAD ETC.)

Beim Weg von der Schule zu anderen Unterrichtsorten besteht eine Aufsichtspflicht der Lehrkräfte für jüngere Schüler, die die Route noch nicht gefahrenlos meistern können. Ausnahmsweise erübrigt sich die Aufsichtspflicht auch bei jüngeren Kindern bei sehr kurzen Wegen (z. B. wenn sich der andere Unterrichtsort nur drei Häuser weiter befindet). Allerdings sind die Schüler zu beaufsichtigen, wenn sie Arbeitsaufträge außerhalb der Schule und des eigenen Zuhauses erledigen (beispielsweise im städtischen Park ein Bild zeichnen).

AUFSICHT BEIM SCHULWEG

Der Schulweg (der Weg zur Schule und von der Schule oder anderen Unterrichtsorten nach Hause) zählt zum Verantwortungsbereich der Eltern und erfordert keine Aufsichtsführung durch die Lehrkräfte. Das heißt, beim Verlassen des Schulgeländes sind die Schüler auf sich gestellt. Gleiches gilt, falls Schüler am Ende des Schultages direkt von anderen Unterrichtsorten, beispielsweise von der Turnhalle oder vom Schwimmbad, nach Hause gehen.

PRAXISHINWEIS

Viele Eltern springen bei schulischen Veranstaltungen ein oder fahren bei Klassenfahrten mit, um die Schule zu unterstützen. Es ist oftmals selbstverständlich, dass Eltern im Schulalltag, beispielsweise bei Schulfesten, den Lehrkräften aushelfen. Dies ist auch wichtig, da solche Veranstaltungen dann besser organisiert und umgesetzt werden können. Eine Einbindung von Eltern oder älteren Schülern als Aufsichtspersonen (z. B. im Schullandheim) ist jedoch nur in Ausnahmefällen und nur nach einer vorherigen Einweisung zulässig. Die Übernahme von Aufsichten über Schüler, meist minderjährige Kinder, bedeutet eine enorme Verantwortung, derer man sich sehr genau bewusst sein sollte.

BEFANGENHEIT

»Der Lehrer hat mich ja eh auf dem Kieker!« Besonders, wenn eine Prüfung nicht so optimal gelaufen ist oder eine Note im Zeugnis steht, die man sich besser vorgestellt hat, kommt oft der Einwand ins Spiel, dass die Lehrkraft befangen war. Eine Befangenheit kann unter Umständen vorliegen, die Regel ist sie jedoch nicht.

Um eine Lehrkraft als befangen einzustufen, müssen konkrete Gründe vorliegen. Wenn dies tatsächlich der Fall ist, dürfen Lehrkräfte als Konsequenz an allen Tätigkeiten nicht mitwirken, die eine schulische Verwaltungsentscheidung oder ein Verwaltungsverfahren beeinflussen könnten. Lehrkräfte sind in der Schule an zahlreichen Entscheidungen beteiligt. Sie vergeben Noten und prägen daher Schulzeugnisse, dokumentieren Informationen zum Fehlverhalten von Schülern und bereiten somit Erziehungs- und Ordnungsmaßnahmen vor oder nehmen mündliche Prüfungen von Schülern ab. Indem Lehrkräfte oder Schulleitungen von diesen Entscheidungen entbunden werden, soll ihre Objektivität gewahrt werden. Persönliche Beziehungen oder Interessen der Lehrkräfte dürfen im Hinblick auf die Schüler keinerlei Rolle spielen.

Schulleitungen und Lehrkräften ist es in bestimmten, gesetzlich aufgezählten Fällen verboten, an einem schulischen Verwaltungsverfahren mitzuwirken. Die Verwaltungsverfahrensgesetze (VwVfG) geben vor, wann eine Person im rechtlichen Sinne befangen ist. Eine Lehrkraft oder Schulleitung darf zum Beispiel nicht tätig werden, wenn sie mit einem Schüler in einer familiären Beziehung steht (beispielsweise eine Lehrkraft der Großvater eines Schülers, sein Vater, sein Onkel oder dessen Bruder wäre). Auch wenn eine Lehrkraft mit dem Bruder oder der Schwester eines Schülers verheiratet ist (oder die Ehe in der Vergangenheit bestanden hatte und inzwischen geschieden wurde), wird dies zu einem Ausschluss führen. Es ist daher zum Beispiel rechtlich unzulässig, wenn die Schulleitung einen Schulausschluss gegen den eigenen Neffen richten würde. Eine problematische Situation liegt zudem vor, wenn eine Lehrkraft ihr eigenes

Kind unterrichtet. Dies wird zwar in Ausnahmesituationen in der Praxis geduldet, wenn keine andere Lehrkraft für den Unterricht zur Verfügung steht. Die Lehrkraft darf jedoch nicht in den Lehrkräfte- und Schulkonferenzen bei Entscheidungen abstimmen, die das eigene Kind betreffen.

Eine Lehrkraft oder Schulleitung kann selbstverständlich auch freigestellt werden, wenn sie nicht mit einem Schüler verwandt ist, sondern anderweitige Gründe vorliegen, die eine Befangenheit nahelegen. Die Lehrkraft muss hierzu ein Verhalten gezeigt haben, das geeignet ist, Misstrauen gegen ihre Unparteilichkeit hervorzurufen. Wann ein Grund besteht, der ein entsprechendes Misstrauen auslösen könnte, ist gesetzlich nicht genau geregelt und kann nur für den Einzelfall entschieden werden. Für den Ausschluss einer Lehrkraft aus einer mündlichen Prüfungskommission für das Abitur bedarf es beispielsweise schwerwiegender Gründe. Dass die Lehrkraft an der einen oder anderen Stelle im Unterricht die Leistungen des Schülers kritisiert hat, reicht dabei keinesfalls aus. Um eine Befangenheit anzunehmen, müsste es vielmehr in der Vergangenheit zu besonders schweren Zerwürfnissen zwischen der Lehrkraft und dem Schüler gekommen sein. In der Prüfung selbst käme eine Befangenheit in Betracht, wenn die Lehrkraft gezielt versucht, den Schüler mit entsprechenden Fragen oder Bemerkungen zu verunsichern oder zu provozieren.

Eine Lehrkraft, die befangen ist, muss die Schulleitung über ihre Befangenheit unterrichten, worauf diese dann die Lehrkraft vom entsprechenden Vorgang (beispielsweise der Teilnahme bei der mündlichen Abiturprüfung des entsprechenden Schülers) freistellt. Soweit die Schulleitung betroffen ist, wendet sich diese an die Schulaufsicht.

PRAXISHINWEIS

Zu beachten ist, dass ein Schüler und seine Eltern die Gründe für eine Befangenheit einer Lehrkraft oder Schulleitung im Ernstfall nachweisen müssen. Es ist nicht ausreichend, wenn ein Schüler die Befangenheit einer Lehrkraft oder der Schulleitung bloß behauptet. Nicht jede (nicht ganz überdachte) Äußerung einer Lehrkraft oder Schulleitung bildet zudem einen Anlass, der eine »Befangenheit« annehmen lässt. Wenn jedoch diskriminierende oder partout unsachliche Kommentare fallen, müssen diese nicht geduldet werden, sodass der Rückschluss auf eine Befangenheit angebracht ist.

BEFREIUNG VOM UNTERRICHT

Unter Umständen kann es notwendig sein, dass ein Schüler von der Teilnahme an manchen Unterrichtsfächern befreit werden muss. Im Gegensatz zur Beurlaubung (siehe Abschnitt »Beurlaubung von der Schule«, S. 61f.) wird der Schüler hierbei nicht für einen bestimmten Zeitraum vom Unterricht in allen Unterrichtsfächern freigestellt (z. B. für einen zweiwöchigen Sprachkurs im Ausland). Vielmehr besucht der Schüler ganz regulär die Schule, aber er darf einzelne Unterrichtsfächer auslassen. Eine Befreiung kann zum Beispiel für Leistungssportler gewährt werden, wenn deren (umfangreiche) Trainingszeiten mit den Unterrichtszeiten kollidieren. Eine Befreiung kann auch nur für einen Teil des jeweiligen Unterrichts ausgesprochen werden. Ein Schüler könnte auch von der Teilnahme am Sportunterricht befreit werden, wenn er gesundheitlich beeinträchtigt ist und daher die Sportübungen nicht mitmachen kann. Sollte sich ein Schüler jedoch einen Arm gebrochen haben, kann er zumindest dem theoretischen Teil des Unterrichts ungehindert beiwohnen und darin auch geprüft werden. Eine Befreiung muss von den Eltern, falls das

Kind minderjährig ist, bei der Schulleitung beantragt und entsprechend begründet werden. Sofern die Gründe nachvollziehbar sind (Arztbesuche, Trainingszeiten beim Leistungssport, Konfirmandenunterricht etc.), wird die Befreiung im Regelfall gewährt. Eltern sollten bei einer Befreiung darauf achten, dass ihr Kind den verpassten Unterricht nachholt und aufarbeitet.

BESCHWERDE

Sofern mal etwas schiefläuft, können Eltern jederzeit ihren Unmut äußern – beispielsweise durch eine schriftliche Beschwerde, die sie an die Schule richten. Es wird bei den Beschwerden zwischen sogenannten »Dienstaufsichtsbeschwerden« und »Fachaufsichtsbeschwerden« unterschieden. Den Unterschied zwischen den beiden Formen brauchen Sie sich jedoch nicht merken. Bei einer Dienstaufsichtsbeschwerde wird das persönliche Verhalten einer Lehrkraft oder einer Schulleitung kritisiert, während es bei der Fachaufsichtsbeschwerde um die Art und Weise geht, wie eine Lehrkraft oder Schulleitung ihre dienstlichen Aufgaben wahrgenommen hat. Eine Dienstaufsichtsbeschwerde könnte beispielsweise erhoben werden, wenn eine Lehrkraft einen Schüler mobbt oder ohne Grund nachteilig im Unterricht behandelt. Eine Fachaufsichtsbeschwerde wäre angebracht, wenn eine Lehrkraft die Klausur eines Schülers fehlerhaft korrigiert hat.

Die Beschwerde darf keinesfalls mit dem Widerspruch (siehe Abschnitt »Widerspruch«, S. 202ff.) verwechselt werden. Während der Widerspruch bei einem schulischen Verwaltungsakt in Betracht kommt, ist eine Dienst- oder Fachaufsichtsbeschwerde bei Verhaltensweisen oder Handlungen von Lehrkräften und Schulleitungen sinnvoll, die keine Verwaltungsakte darstellen.

Wenn es sich um eine Lehrkraft handelt, kann die Beschwerde bei der Schulleitung oder der Schulaufsichtsbehörde eingelegt werden. Wenn die Schulleitung betroffen ist, müsste die Beschwerde direkt an die Schulaufsichtsbehörde gerichtet werden. Die Beschwerde sollte – möglichst genaue – Angaben enthalten, warum von einem fehlerhaften Verhalten ausgegangen wird. Im Falle der Lehrkraft, die einen Schüler mobbt, müssten Eltern in der Beschwerde aufzeigen, um welche Lehrkraft es geht, in welchem Zusammenhang entsprechende Äußerungen gefallen sind und (bestenfalls) welche konkreten Worte die Lehrkraft verwendet hat. Je detaillierter die Beschwerde formuliert ist, desto besser, da dann die Schulleitung und die Schulaufsichtsbehörde präzise prüfen können, ob die Beschwerde begründet ist.

Eltern können die Beschwerde selbst oder durch einen beauftragten Rechtsanwalt einreichen. Die Beschwerde wird danach von der Schulleitung und der Schulaufsichtsbehörde kostenfrei bearbeitet. Es besteht eine Verpflichtung für die Schulleitung beziehungsweise für die Schulaufsichtsbehörde, sich mit dem Inhalt der Beschwerde auseinanderzusetzen und Eltern (oder anderen Beschwerdeführern) hierzu eine Rückmeldung zu geben.

Mit einer Beschwerde können Eltern jedoch kein bestimmtes Handeln der Schulleitung oder der Schulaufsicht einfordern. In dem Mobbing-Fall wäre es daher nicht möglich, dass Eltern in der Beschwerde der Lehrkraft genaue Vorgaben machen, wie diese sich im Unterricht zu verhalten hat. In der Praxis wird in der Regel eine Stellungnahme von der Person angefordert, gegen die eine Beschwerde eingereicht wurde. Im Falle einer erfolgreichen Fachaufsichtsbeschwerde wird die Lehrkraft oder Schulleitung angewiesen, ihre inhaltliche Entscheidung oder Vorgehensweise entsprechend abzuändern (z. B. die Klausur erneut zu korrigieren, und zwar dieses Mal richtig). Sollte ein persönliches Fehlverhalten festgestellt werden, wird mit der jeweiligen Person ins Gespräch gegangen und diese auf ihr Fehlverhalten hingewiesen. Die mobbende Lehrkraft würde also dazu angewiesen werden, die Schüler respektvoll zu behandeln und das Gleichbehandlungsgebot einzuhalten. Bei schwerem Fehlverhalten können zudem disziplinarische Konsequenzen drohen.

PRAXISHINWEIS

Eltern steht es zu jedem Zeitpunkt frei, eine Beschwerde gegen eine Lehrkraft bei der Schulleitung oder gegen eine Schulleitung bei der Schulaufsichtsbehörde einzulegen. Wenn sich die Fronten verhärtet haben, mag dies ein geeignetes Mittel darstellen, um auf das Fehlverhalten einer Person aufmerksam zu machen und sich Gehör zu verschaffen. So weit sollte man es jedoch – im Optimalfall – nicht kommen lassen. Der beste Weg, Sachverhalte (und vielleicht auch Missverständnisse) aufzuklären, besteht noch immer darin, das Gespräch im kleinen Kreis zu suchen. Wenn unlösbare Probleme mit einer Lehrkraft vorliegen, vereinbaren Sie einen Termin mit der Schulleitung und der Lehrkraft. Sollte das Verhalten einer Schulleitung betroffen sein, setzen Sie sich mit dieser zusammen. Hierdurch wird der Konflikt niederschwellig behandelt und der Schulfrieden bestmöglich gewahrt. Erst wenn diese Verfahrensweise keine Wirkung zeigt, sollten Sie tatsächlich zu einer höheren Eskalationsstufe übergehen und auch formal die Schulaufsicht einbeziehen.

BESCHWERDE GEGEN NOTEN

Eine Beschwerde kann sich auch gegen einzelne Zeugnisnoten richten. Die Beschwerde sollte hierbei eine Begründung enthalten, warum der Beschwerdeführer davon ausgeht, dass die entsprechende Note nicht ordnungsgemäß zustande gekommen ist (z. B. weil die Gewichtung der schriftlichen und mündlichen Noten nicht eingehalten wurde, die Endnote nicht im Verhältnis zu den gezeigten Leistungen des Schülers steht oder eine Befangenheit der unterrichtenden Lehrkraft vorliegt). Die Beschwerde gegen einzelne Noten kann schriftlich direkt von den Eltern an die Schulleitung oder an die Schulaufsichtsbehörde gerichtet werden.

Es findet dann eine umfassende Kontrolle der Note statt. Falls also Eltern beispielsweise mit einer schlechten Englischnote im Zeugnis der 7. Klasse nicht zufrieden sind, können sie hiergegen eine Beschwerde einlegen. Nach Eingang der Beschwerde veranlasst die Schule oder Schulaufsichtsbehörde – je nachdem, bei wem die Beschwerde eingelegt wurde – die nochmalige Überprüfung der Note. Diese Kontrolle wird durch die ursprüngliche (Englisch-)Lehrkraft durchgeführt. Kommt diese zu dem Schluss, dass sie einen Fehler gemacht hat, wird die Note abgeändert. Behält die Lehrkraft die Note bei, wird die Note noch von der Schulaufsichtsbehörde geprüft. Es kann dann zum einen der Beschwerde stattgegeben und die Note geändert werden. Wenn aber auch die Schulaufsichtsbehörde keinen Fehler erkennen kann, wird die Beschwerde zurückgewiesen.

In manchen Fällen kann für die Prüfung einzelner Noten auch ein Widerspruchsverfahren (siehe Abschnitt »Widerspruch«, S. 207) durchgeführt werden. Dieses hat im Vergleich zur Beschwerde den Vorteil, dass der Widerspruchsführer einen Widerspruchsbescheid erhält und diesen wiederum gerichtlich überprüfen lassen kann. Dies ist bei einer Beschwerde nicht möglich. Wenn eine Beschwerde zurückgewiesen wird, dann sind die rechtlichen Optionen grundsätzlich ausgeschöpft. Ein Widerspruch kann jedoch nur dann eingelegt werden, wenn es sich um Prüfungsnoten (z. B. Abiturprüfung, Realschulabschlussprüfung) oder Noten der Zeugnisse in den Kursstufen (also 11-12 oder 11-13) handelt. Da diesen Noten eine erhebliche Tragweite zukommt, sind sie im Gegensatz zu anderen Noten als Verwaltungsakte einzustufen und können somit durch einen Widerspruch – und gegebenenfalls ein anschließendes gerichtliches Verfahren – überprüft werden. Sollten die Eltern aus dem oben genannten Beispiel folglich die Englisch-Note überprüfen lassen wollen, müssten sie sich im Falle einer erfolglosen Beschwerde mit der schlechten Englisch-Note zufriedengeben.

Beurlaubung von der Schule

In vielen Fällen ist es möglich, dass Sie für Ihr Kind bei der Schule eine Befreiung vom Unterricht oder von anderen schulischen Veranstaltungen beantragen können. Ihr Kind würde dann für einen bestimmten Zeitraum die Schule nicht besuchen. Durch die bewilligte Beurlaubung würden trotz Abwesenheit keine unentschuldigten Fehlzeiten entstehen. Da die Beurlaubung den Grundsatz der Schulpflicht (siehe Abschnitt »Schulpflicht«, S. 168f.) einschränkt, kann sie nur für besondere Situationen gewährt werden.

In folgenden Fällen kommt eine Beurlaubung grundsätzlich in Betracht:

- Kirchliche Veranstaltungen
- Veranstaltungen von Religions- oder Weltanschauungsgemeinschaften
- Erforderliche Kuraufenthalte
- Teilnahme an Wettbewerben
- Schüleraufenthalte und Sprachkurse
- Mitwirkung an den Politischen Tagen der Landeszentrale für politische Bildung
- Teilnahme an sportlichen Wettkämpfen und hierzu erforderlichen Lehrgängen
- Teilnahme an Veranstaltungen von Musik- und Gesangsvereinen, anerkannten Jugendverbänden und sozialen Diensten oder Ausübung von Ehrenämtern bei Veranstaltungen solcher Vereine oder Verbände
- Mitwirkung an Schulveranstaltungen, die der schulischen Mitverantwortung (SMV) dienen
- Wichtige persönliche Gründe

Sie sehen, dass Beurlaubungen für eine Vielzahl von Ereignissen erteilt werden können. In der Praxis werden Schüler mehrheitlich für religiöse Veranstaltungen beurlaubt (beispielsweise Konfirmanden am

Montag nach ihrer Konfirmation, Firmlinge am Tag ihrer Firmung, Schüler der Religionsgemeinschaft Zeugen Jehovas einmal im Jahr für die Teilnahme an einer Bezirks- oder Hauptversammlung ihrer Religionsgemeinschaft). Auch für die Mitwirkung an Wettbewerben, die Teilnahme an Auslandsschulbesuchen oder die Durchführung von Heilkuren gewähren Schulen regelmäßig Beurlaubungen. Als Beurlaubungsgründe sind auch die Eheschließung der Eltern oder der Geschwister, schwere Krankheiten und Todesfälle von nahen Angehörigen oder Umzüge anzusehen. Ebenso kann die Begleitung eines Schülers an einer Auslandsreise seiner Eltern eine Beurlaubung rechtfertigen, sofern die Auslandsreise aufgrund der beruflichen Tätigkeit der Eltern notwendig ist (Achtung: Nachweis erforderlich!).

Oftmals werden Anträge für eine Beurlaubung für die Zeiten kurz vor und nach den Schulferien eingereicht. Die Flüge sind außerhalb der Ferienzeiten deutlich günstiger, und es ist ja nicht weiter tragisch, wenn die letzten Schultage verpasst werden, da an diesen eh nur Filme abgespielt werden – so lautet zumindest die Argumentation der meisten Eltern, die Anträge für diese Zeiträume stellen. Sofern eine Urlaubsreise geplant ist, die sich mit den Schulzeiten überschneidet, kann diese jedoch nicht als relevanter Grund angesehen werden, der eine Beurlaubung ermöglicht. Die Phasen vor und nach den Schulferien sind von der regulären Schulpflicht umfasst. Falls Schulleitungen diese Anträge genehmigen würden, wären die Schulen kurz vor dem Schuljahresende eher leer als voll, und die Preisdifferenzen bei Urlaubsreisen würden sich nur anderweitig verlagern. Auch wenn vereinzelte Schulleitungen in der Praxis großzügig agieren und die Beurlaubung – trotz fehlenden Beurlaubungsgrunds – genehmigen, besteht kein Anspruch darauf.

PRAXISHINWEIS

Im Rahmen der Entscheidung, ob die Beurlaubung gewährt werden kann, werden von der Schule maßgeblich die Dringlichkeit des Beurlaubungsgrundes sowie der Leistungsstand des Schülers berücksichtigt. Je länger die Beurlaubung dauern soll, desto gewichtiger müssen die Gründe für die Beurlaubung sein. Falls ein Schüler also einen Monat aufgrund gesundheitlicher Gründe eine stationäre Therapie durchführen lassen muss, stellt dies trotz der langen Abwesenheit einen wichtigen Grund dar, den Schüler zu beurlauben. Auch die Teilnahme an einem vierwöchigen Sprachkurs, in dem der Schüler eine zusätzliche Sprache lernt, ist grundsätzlich beurlaubungsfähig. Sollte der Schüler jedoch große Lerndefizite aufweisen und in der Schule schwächeln, könnte dies dagegensprechen, den Schüler über einen solch langen Zeitraum von der Schule freizustellen. Generell gilt, dass eine Beurlaubung eher erteilt wird, wenn Sie nachweisen, dass der versäumte Unterricht während des Fehlens des Schülers durch geeignete Maßnahmen ganz oder teilweise nachgeholt wird. Zu beachten ist ebenfalls, dass der Antrag rechtzeitig vor der Beurlaubung schriftlich gestellt werden muss, um der Schule einen angemessenen Bearbeitungszeitraum einzuräumen.

BILD- UND TONAUFNAHMEN

Siehe Abschnitt »Datenschutz«, S. 67

BILDUNGS- UND ERZIEHUNGSAUFTRAG DER SCHULEN

Die einzelnen Schulen können nicht gänzlich eigenständig entscheiden, wie sie den schulischen Alltag gestalten oder welche Unterrichtsziele für die Schüler festgelegt werden. Die Schulen haben vielmehr einen gesetzlichen Bildungs- und Erziehungsauftrag, der in den Schulgesetzen und den (meisten) Landesverfassungen verankert ist. Diesen Auftrag haben die Schulen in eigener Verantwortung gegenüber den Schülern und Eltern zu erfüllen. Der Bildungs- und Erziehungsauftrag lässt sich bereits vom Wortlaut ausgehend in die zwei Komponenten »Bildung« und »Erziehung« aufteilen.

Durch den Bildungsauftrag haben die Schüler einen Anspruch auf Bildung, den die Schulen – vorrangig durch Unterricht – gewährleisten müssen. Im Unterricht steht also die Vermittlung von Wissen, Kompetenzen und Fertigkeiten im Vordergrund.

Daneben setzen die Schulen den Erziehungsauftrag um, indem sie die Schüler zu verantwortungsvollen Mitgliedern der Gesellschaft formen und sie in ihrer geistigen und sozialen Entwicklung unterstützen.

Die Schüler erlernen im Rahmen des Bildungs- und Erziehungsauftrages somit diverse Kompetenzen. Hierzu gehört nicht nur das spezifische Wissen der Unterrichtsfächer, sondern auch gesellschaftliche und moralische Werte. Wichtig ist insbesondere auch, dass die Schüler ausreichend auf ihre staatsbürgerlichen Rechte und Pflichten und auf die Anforderungen der Berufs- und Arbeitswelt vorbereitet werden.

DATENSCHUTZ

Was früher eher ein stiefmütterlich behandelter Themenbereich war, hat sich in den vergangenen Jahren immer mehr zum »heißen Eisen« des Schulrechts entwickelt. Die Rede ist vom Datenschutz. Glücklicherweise hat sich diesbezüglich bei Lehrkräften, Schülern und Eltern bereits ein großes Problembewusstsein gebildet. Dies ist umso wichtiger, da mit personenbezogenen Daten auch im Schulwesen sparsam umgegangen werden muss und die Daten stets rechtssicher erhoben und verarbeitet werden sollten. Personenbezogene Daten sind dabei alle Informationen, die sich auf eine bestimmte oder eine identifizierbare Person beziehen.

Personenbezogene Daten im Schulbereich sind beispielsweise diese Informationen:

- Namen der Schüler
- Adressen und Kontaktdaten (z. B. Anschrift, Telefonnummer, E-Mail-Adresse)
- Geburtsdaten
- Religionszugehörigkeiten
- Noten und Zeugnisse
- Informationen zu Erziehungs- und Ordnungsmaßnahmen
- Fotos, Videos und Tonaufnahmen von Schülern

Durch das Recht auf informationelle Selbstbestimmung hat jede Person die Möglichkeit, selbst zu entscheiden, wem sie ihre persönlichen Daten preisgeben möchte. Insbesondere bei sehr sensiblen Angaben über Schüler, wie der ethnischen Herkunft, religiöse oder weltanschauliche Überzeugungen, Gesundheitsdaten oder Hinweise zur sexuellen Orientierung, gelten strikte datenschutzrechtliche Anforderungen. Für die Einhaltung der datenschutzrechtlichen Vorschriften in der Schule ist die Schulleitung verantwortlich.

Eine Verarbeitung von Daten ist zulässig, wenn eine Rechtsvorschrift diese erlaubt oder die betroffene Person in die Verarbeitung ihrer Daten eingewilligt hat. Im Schulwesen spielt Artikel 6 der Datenschutz-Grundverordnung (DSGVO) eine tragende Rolle. Demnach ist die Verarbeitung von Daten möglich, sofern die Daten für die Wahrnehmung einer im öffentlichen Interesse liegenden Aufgabe »erforderlich« sind. Im Schulbereich benötigt die Schule Daten, um ihren Erziehungs-, Bildungs- und Fürsorgeauftrag zu erfüllen. Es muss also die Frage gestellt werden, ob der Schule zwingend eine bestimmte Information über den Schüler oder seine Eltern vorliegen muss, um ihrem Erziehungs-, Bildungs- und Fürsorgeauftrag nachzukommen. An die Erforderlichkeit werden strenge Maßstäbe angelegt. Es ist nicht ausreichend, dass die Daten bloß nützlich sind. Sollte keine Rechtsvorschrift vorliegen (also Daten für die Erfüllung des Erziehungs-, Bildungs- und Fürsorgeauftrags der Schule eben nicht notwendig sein), wird eine Einwilligung der Eltern benötigt. Ab dem 14. Lebensjahr des Schülers ist neben dem Einverständnis der Eltern auch das des Schülers einzuholen.

Nachfolgend finden Sie einige praxisrelevante Beispiele, bei denen sich Datenschutz-Probleme stellen und die im schulischen Alltag regelmäßig vorkommen:

- Die Schule darf nicht ohne die Einwilligung der Eltern Fotos, auf denen die Schüler zu sehen sind, auf der Schul-Homepage veröffentlichen. Beispielsweise dürfen keine Klassenfotos der Schüler gezeigt werden. Die Homepage einer Schule ist zwar schön(er) anzusehen, wenn diese viele Fotos der Schüler oder Lehrkräfte enthält. Eine bilderreiche Webseite ist für die Umsetzung des Bildungs- und Erziehungsauftrages der Schule jedoch schlichtweg nicht erforderlich, sodass die Einwilligungen der Eltern eingeholt werden müssten. Ab dem 14. Lebensjahr müssen zusätzlich auch die Schüler in die Veröffentlichung einwilligen.
- Auch wenn Bilder der Schüler im Klassenbuch abgelegt werden sollen (zum Beispiel als Erinnerungshilfe für die Lehrkraft, um sich die Namen der Schüler besser merken zu können), ist dies nur mit einer Einwilligung der Eltern denkbar.
- Ebenso dürfen Lehrkräfte nicht vor allen Schülern Noten, beispielsweise aus einer Klausur oder Projektarbeit, vorlesen. Die erzielten Noten der Schüler stellen personenbezogene Daten dar, die nicht einfach der gesamten Klasse mitgeteilt werden dürfen. Die Angabe des Notenspiegels ist dagegen möglich, da die jeweiligen Noten den Schülern nicht zugeordnet werden können.
- Im Sportunterricht darf eine Lehrkraft die Schüler nicht mit einer Kamera aufnehmen. Teilweise wäre dies sicher praktisch. Beispielsweise könnte eine Sportlehrkraft auf die Idee kommen, die einzelnen Kinder bei Turnübungen zu filmen, um sich die ent-

sprechende Übung im Nachgang noch einmal in Slow-Motion anzusehen, um die gezeigten Leistungen angemessen benoten zu können. Hierfür gibt es jedoch keine Rechtsgrundlage. Es ist vielmehr eine Einwilligung erforderlich.

- In das Klassentagebuch dürfen lediglich die für die Erfüllung des Bildungs- und Erziehungsauftrages notwendigen Daten der Schüler aufgenommen werden (z. B. Name, Alter, Hausaufgaben- und Unterrichtsversäumnisse). Darüber hinausgehende Informationen, insbesondere gesundheitliche Daten, sollten sich dort nicht finden. Soweit Eltern gesundheitliche Beeinträchtigungen ihres Kindes freiwillig angeben und einen Vermerk im Klassentagebuch für wichtig erachten (beispielsweise, weil ihr Kind an Diabetes leidet und jederzeit ein medizinischer Notfall eintreten könnte), können sie die für die Aufnahme der Daten erforderliche Einwilligung erteilen. In Bezug auf das Klassentagebuch ist im Schulbetrieb zudem darauf zu achten, dass dieses außerhalb der Unterrichtszeit verschlossen aufbewahrt und vor unbefugten Zugriffen geschützt ist.
- Wenn einzelne Schüler aufgrund besonderer Umstände zu Hause sind und von dort aus am Unterricht teilnehmen, stellt sich die Frage des Einsatzes von Videokonferenzen, bei denen die Schüler und die Lehrkraft zu sehen und zu hören sind. Ob in dieser Konstellation eine Einwilligung erforderlich ist, wird unterschiedlich beantwortet. Während Datenschützer dies bejahen, könnte ebenso vertreten werden, dass für die Datenverarbeitung bereits eine gesetzliche Rechtsgrundlage durch den Bildungs- und Erziehungsauftrag der Schule vorliegt. Die Schule sollte in jedem Fall das Verhalten der Schüler während der Videokonferenzen durch eine Nutzungsordnung regeln (z. B. ein Verbot, dass keine Bild- und Tonaufnahmen von den Lehrkräften und den Schülern durch die Schüler und Lehrkräfte aufgenommen werden und keine dritten Personen zusehen dürfen).
- Bei der Kommunikation zwischen Schülern und Lehrkräften ist darauf zu achten, dass keine datenschutzrechtlich problemati-

schen Nachrichtendienste (beispielsweise WhatsApp) verwendet werden. Zum einen ist die datenschutzrechtliche Zulässigkeit der Allgemeinen Geschäftsbestimmungen, denen vor einer Nutzung zugestimmt werden muss, zweifelhaft. Zum anderen ist die Nutzung aus pädagogischen Gesichtspunkten zu vermeiden. Eltern sollten frei entscheiden können, ob ihrem Kind ein Smartphone zur Verfügung steht. Die Tatsache, ob die Kinder ein Handy besitzen, darf nicht über die Möglichkeit der Kontaktaufnahme mit den Lehrkräften entscheiden.

- Die Weitergabe von Anschriften, Telefonnummern oder E-Mail-Adressen von Eltern – beispielsweise an andere Eltern – ist rechtlich nicht zulässig. Es gibt keine Rechtsgrundlage für die Übermittlung der Daten, daher müsste jedes Elternteil in die Weitergabe seiner Daten einwilligen. Möglich wäre es, am Elternabend eine Liste auszulegen, in die sich interessierte Eltern eintragen können. Die hinterlegten Daten der Eltern könnten dann innerhalb des entsprechenden Personenkreises ausgetauscht werden.
- Auch Lehrkräfte dürfen sich auf ihre datenschutzrechtlich relevanten Rechte berufen. Falls eine Lehrkraft also nicht damit einverstanden ist, mit Bild und Namen auf der Webseite der Schule veröffentlicht zu werden, darf ihr Foto nicht einfach genutzt werden. Die Veröffentlichung dieser Informationen gehört weder zur dienstlichen Pflicht der Lehrkraft noch ist sie für die Aufgabenerledigung der Schule unentbehrlich.
- Auch im Vertretungsplan, der meist in der Schule frei zugänglich aushängt, sind lediglich die Informationen anzugeben, die die Schüler auch wirklich wissen müssen. Sie müssen beispielsweise darüber informiert werden, dass eine Stunde ausfällt, damit sie sich nicht wundern, wenn die Lehrkraft nicht zum Unterricht erscheint. Es wäre jedoch nicht in Ordnung, die genauen Gründe für das Fehlen der Lehrkraft der Klasse oder Schulgemeinschaft mitzuteilen (z. B. Frau Maier hat die Grippe und fällt diese Woche aus).

PRAXISHINWEIS

Sie sehen also, im Hinblick auf den Datenschutz muss ganz genau hingeschaut und Fingerspitzengefühl bewiesen werden. Bevor Daten heraus- oder weitergegeben werden, sollte man bestenfalls erst einmal die Füße stillhalten und sich Gedanken machen, ob diese Weitergabe auch wirklich rechtlich in Ordnung ist.

In Bezug auf den Schulbereich ist die wichtigste Überlegung, ob die jeweilige Information über den Schüler oder ein Elternteil zwingend notwendig ist, damit die Schule ordnungsgemäß ihre Aufgaben erfüllen kann. Nur dann ist keine Einwilligung von Eltern und/oder Schülern erforderlich.

Meist muss die Schule allerdings eine Einwilligung einholen, wenn sie spezielle Daten der Schüler verarbeiten möchte. Die gesetzliche Rechtsgrundlage, die nur die Erfüllung des Erziehungs-, Bildungs- und Fürsorgeauftrags der Schule sicherstellt, wird dann in den wenigsten Fällen zum Tragen kommen. Sollte Ihnen eine von der Schule erstellte Einwilligungserklärung vorgelegt werden, lesen Sie sich diese genau durch und prüfen Sie, welche Daten (persönliche Informationen über den Schüler, Fotos, Videos, Tonaufnahmen etc.) für welchen Zweck verwendet werden sollen (z. B. auf der Webseite der Schule, für einen Aushang im Schulhaus, im Klassenzimmer, beim Tag der offenen Tür, im Jahrbuch der Schule, zur Weitergabe an die Presse). Insbesondere sollten Sie genau kontrollieren, wie pauschal die Einwilligung erteilt wird. Es ist hierbei ein großer Unterschied, ob eine generelle Einwilligung für die Aufnahme, Verbreitung oder Veröffentlichung der Daten gewährt wird oder diese nur für einen konkreten Anlass verwendet werden dürfen. Im ersten Fall darf die Schule sehr weitreichend die Daten des Schülers gebrauchen, während im zweiten Fall nur für ganz bestimmte, vorab festgelegte Situationen eine Datenverarbeitung stattfinden darf (beispielsweise die Aufnahme und Veröffentlichung der Fotos von Schülern, die in der Projektwoche der Schule entstanden sind, auf der Webseite der Schule). Die Einwilligung kann im Übrigen für die Zukunft jederzeit widerrufen werden.

DEMONSTRATIONEN VON SCHÜLERN

Siehe Abschnitt »Grundrechte«, S. 95f.

DIEBSTAHL

Ab und an kommt es vor, dass Sachen aus dem Schulgebäude oder aus Taschen von Mitschülern und Lehrkräften verschwinden. Da diese nicht von allein verloren gehen, fällt der Verdacht meist recht schnell auf einen Schüler. Entweder, weil er erst kürzlich unmittelbar erwischt wurde, als er etwas aus dem Rucksack eines Mitschülers nehmen wollte, oder weil es andere Indizien gibt. Lehrkräfte stellen sich dann die Frage, wie sie in solchen Situationen richtig handeln und weiter vorgehen sollen, um zum einen erst einmal herauszufinden, wer der Übeltäter ist, und diesen dann anschließend dazu zu bewegen, sein Diebesgut wieder herzugeben.

Lehrkräfte dürfen an dieser Stelle nicht auf die Idee kommen, den »Hilfspolizisten« zu spielen und die Angelegenheit selbst in die Hand zu nehmen. Wenn ein (begründeter) Verdacht besteht, dass ein Schüler eine fremde Sache entwendet hat, darf die Lehrkraft den Schüler befragen und – falls der Schüler die Tat einräumt – ihn dazu auffordern, die Sache zurückzugeben. Was aber nun, wenn der Schüler sich weigert? Keinesfalls darf die Lehrkraft einfach in den Rucksack des Schülers greifen und selbst nachsehen. Dieses Recht kommt nur der Polizei zu und besteht auch nur bei glaubhaften Anhaltspunkten für einen Diebstahl. Das heißt, bestenfalls führt die Lehrkraft mit dem betroffenen Schüler ein Gespräch und klärt den Vorgang bestmöglich auf. Falls dieser Versuch scheitert, könnte theoretisch dann die Polizei eingebunden werden. Dies wird jedoch nur bei wertvolleren Gegenständen Sinn ergeben. In den meisten Fällen bietet sich vielmehr eine pädagogische Lösung dahingehend an, dass die Lehrkraft ein Gespräch mit dem Schüler und seinen Eltern führt. Gegebenenfalls können im Nachgang zu diesem Gespräch noch weitere erzieherische Maßnahmen oder Ordnungsmaßnahmen getroffen werden.

DIENSTAUFSICHTSBESCHWERDE

Siehe Abschnitt »Beschwerde«, S. 57

DROGEN UND ANDERE SUCHTMITTEL

Der Konsum und der Vertrieb von Drogen in der Schule sind (selbstverständlich) nicht erlaubt und werden von den Lehrkräften konsequent geahndet. Nicht nur die beteiligten Schüler sind hierbei in den Blick zu nehmen und vor sich selbst zu schützen, sondern auch die restlichen Schüler, denen vor Augen geführt werden muss, dass solch schwerwiegendes und suchtverleitendes Fehlverhalten nicht geduldet wird. Wenn bei einem Schüler die Einnahme oder Weitergabe von Drogen festgestellt wurde, reagiert die Schule mit Erziehungs- und Ordnungsmaßnahmen (siehe Abschnitt »Erziehungs- und Ordnungsmaßnahmen«, S. 75ff.). Daneben kann jedoch – je nach Schwere der Handlung und der Persönlichkeit des Schülers – auch eine Anzeige bei der Polizei erfolgen (siehe Abschnitt »Straftaten von Schülern«, S. 181f.). Zudem muss unbedingt vermieden werden, dass der betroffene Schüler wieder rückfällig wird. Daher empfiehlt es sich, die schulpsychologischen Beratungsstellen einzubeziehen, die qualifizierte Suchtberater vermitteln können. Eine Kontaktaufnahme mit dem Jugendamt wird hingegen nötig, wenn ein (begründeter) Verdacht der Kindeswohlgefährdung im Raum steht.

Neben Drogen, illegalen wie legalen Drogen, wie zum Beispiel Alkohol, spielen teilweise auch andere Suchtmittel im schulischen Alltag eine Rolle. Hierzu zählen unter anderem missbräuchliche Medikamente. Um die Schüler vor den Gefahren zu warnen und über Risiken aufzuklären, sollte eine generelle Gesundheitsförderung und

Prävention an den Schulen durch die Lehrkräfte und die Schulleitung stattfinden. Neben den individuellen Maßnahmen bei bereits auffälligen Schülern sind auch vorbeugende Maßnahmen hinsichtlich der gesamten Schülerschaft zu ergreifen. Die Schüler sollten dazu angeleitet werden, selbstbestimmt über ihre Gesundheit zu entscheiden und diese positiv durch die Verbesserung verschiedener gesundheitlicher Faktoren zu beeinflussen. Relevant ist vor diesem Hintergrund insbesondere die Zusammenarbeit der Schulen mit den außerschulischen Kooperationspartnern (z. B. Schulsozialarbeit des Jugendamtes, schulpsychologische Beratungsstellen, Sucht- und Drogenberatungsstellen).

EINSCHULUNG

Siehe Abschnitt »Grundschule«, S. 96f.

ELTERNABEND

Unter einem »Elternabend« wird keineswegs ein lustiger und geselliger Abend verstanden, zu dem die Elternteile einer Klasse zusammenkommen. Vielmehr gehören Elternabende zu den wichtigsten Mitwirkungsrechten von Eltern im Schulwesen (siehe Abschnitt »Mitwirkungsrechte von Eltern«, S. 127f.). Sie bieten Eltern gute Möglichkeiten, Einblicke in den schulischen Alltag zu erhalten, und sich darin aktiv einzubringen. Am Elternabend versammeln sich die Eltern einer Klasse – oder eines Stammkurses –, um Angelegenheiten zu klären, die für die Klasse oder den Kurs von Bedeutung sind.

Beispielsweise könnten diese Themen besprochen werden:

- Der Stundenplan der Klasse und die angebotenen Arbeitsgemeinschaften in der Schule
- Kriterien und Verfahren der Leistungsbeurteilung

- Grundsätzliche Fragestellungen zu Klassenarbeiten und Hausaufgaben
- Der Leistungsstand der gesamten Klasse (zum Beispiel im Vergleich zu den Parallelklassen)
- Die Verwendung von Lernmitteln in der Klasse (insbesondere technische Arbeitsmittel wie beispielsweise Tablets)
- Schulausflüge, Klassenfahrten, Wandertage und Betriebsbesichtigungen (z. B. aktuelle Planungen, Ideen für anstehende Klassenfahrten)
- Die Neuigkeiten aus der Schülermitverantwortung (SMV) der Klasse
- Beschlüsse der Gesamtlehrerkonferenz, der Schulkonferenz oder des Elternbeirats

Am Elternabend nehmen nicht nur Eltern teil, sondern auch die Klassen- oder Kurslehrkraft sowie manchmal einige Fachlehrer. Bei grundlegenden Fragestellungen kann auch die Anwesenheit der Schulleitung nötig sein. Es muss mindestens ein Elternabend im Schuljahr durchgeführt werden. Zudem muss zwingend eine Sitzung anberaumt werden, falls diese erforderlich ist. Dies ist beispielsweise der Fall, wenn (klassen- oder kursrelevante) Anliegen oder aktuelle Themen aufkommen, die geklärt werden müssen.

ELTERNRECHTE

Wahrscheinlich werden Sie bei diesem Abschnitt hellhörig. »Elternrechte« klingt ja erst einmal vielversprechend, oder? Sie werden jedoch gleich lesen, dass mit den Rechten meist auch Pflichten einhergehen. Nach dem Grundgesetz (GG) haben Eltern das Recht, ihr Kind zu pflegen und zu erziehen. Eltern steht insofern das Privileg (und die Verpflichtung!) zu, für ihr minderjähriges Kind zu sorgen und dessen Aufenthalt festzulegen. Eltern müssen in diesem Zusammenhang berücksichtigen, dass ihr Kind mit der Zeit selbstständiger werden wird und eigenverantwortliche Entscheidungen trifft. Dieser

Handlungsspielraum und die damit einhergehende Entscheidungsfreiheit müssen dem Kind eingeräumt werden. Auch das Vermögen des Kindes wird zunächst von seinen Eltern verwaltet. Die elterliche Sorge beinhaltet darüber hinaus die rechtliche Vertretung des Kindes, die durch beide Elternteile erfolgt. Nur wenn ein Elternteil die elterliche Sorge allein ausübt oder ihm die Befugnis für eine bestimmte Entscheidung vom Familiengericht übertragen worden ist, kann ein Elternteil das Kind für diese Angelegenheit selbstständig vertreten.

Eltern stehen somit insbesondere diese Rechte zu: Erziehung, Namensgebung, Gesundheitsvorsorge, Vermögenssorge, Bildung und Ausbildung, religiöse und weltanschauliche Erziehung, Entscheidung über das Ausmaß der Pflege und Erziehung.

Eltern dürfen in diesen Bereichen grundsätzlich selbst bestimmen, wie sie handeln und welche Aspekte der Erziehung sie verstärkt in den Blick nehmen möchten. Insbesondere die (gewaltfreien) Erziehungsmethoden können sie eigenverantwortlich auswählen. Auch im Hinblick auf die Bildung und Ausbildung ihres Kindes werden den Eltern verschiedene Einflussmöglichkeiten zugestanden. Beispielsweise dürfen Eltern die weitergehende Schule aussuchen, die ihr Kind besuchen soll. Sie dürfen ihr schulpflichtiges Kind allerdings nicht zu Hause unterrichten lassen, da in Deutschland die Schulpflicht gilt (siehe Abschnitt »Homeschooling«, S. 106f.). Auch ist es Eltern verwehrt, einzelne Fächer für ihr Kind abzuwählen oder Unterrichtsinhalte abzuändern. Eine Ausnahme gilt lediglich für den Religionsunterricht, bei dem die Eltern über die Teilnahme ihres Kindes bis zu seinem 14. Lebensjahr entscheiden können.

Im Schulwesen stehen Eltern sowohl individuelle als auch gemeinschaftliche Rechte zu. Eltern haben nicht nur eigene Informationsrechte (z. B. zum Leistungsstand ihres Kindes), sondern auch gemeinschaftliche Rechte aufgrund der Mitwirkungsrechte der Elterngemeinschaften im Schulwesen (siehe Abschnitt »Mitwirkungsrechte von Eltern«, S. 127f.). Hierzu gehören unter anderem die Ämter der Elternvertreter und die Beteiligung der Eltern in der Schulkondrenz.

ENERGYDRINKS

Siehe Abschnitt »Verbote in der Schule«, S. 190

ERSTE HILFE

Siehe Abschnitt »Medikamente«, S. 126f.

ERZIEHUNGS- UND ORDNUNGSMASSNAHMEN

Ein sowohl für die Schüler, ihre Eltern als auch die Lehrkräfte sehr brisantes Thema sind Erziehungs- und Ordnungsmaßnahmen. Diese kommen zum Einsatz, wenn sich ein Schüler danebenbenommen hat und sein Fehlverhalten geahndet werden soll. Es gibt diverse Arten und Formen von Fehlverhalten von Schülern. (Sie können Ihren Gedanken freien Lauf lassen. Ich bin mir sicher, dass sich dabei einige Vorstellungen mit der Realität decken.) Von Unterrichtsstörungen (lautes Reden, Mitschüler vom Unterricht ablenken und/oder mit Gegenständen werfen etc.) über körperliche Gewalttaten (z. B. tätliche Angriffe auf Mitschüler oder Lehrkräfte) bis hin zu Mobbing ist die Bandbreite sehr vielfältig. Nicht jedes Fehlverhalten ist dabei auf die Goldwaage zu legen oder bedeutet, dass der Schüler aus der Norm fällt und genauer beobachtet werden sollte. Die meisten Verhaltensweisen stellen normale, jugendtypische Handlungen dar, die im schulischen Alltag mal vorkommen und vernachlässigt werden können. Wenn die Auffälligkeiten allerdings zunehmen, müssen Schüler – und Eltern – genauer hinsehen.

Insbesondere werden in diesem Zusammenhang die verschiedenen Interessen von Schülern, Lehrkräften und Eltern deutlich. Schüler wollen (nachvollziehbar) nicht bestraft werden, Lehrkräfte möchten Schülern durch eine Erziehungs- und Ordnungsmaßnahme eine Lektion erteilen, und Eltern wünschen sich, dass ihrem Kind lediglich eine angemessene Sanktion auferlegt wird.

Die Gründe für ein Fehlverhalten eines Schülers sind vielfältig und teilweise schwer auszumachen. Neben familiären Problemen können soziale Konflikte mit Mitschülern oder eine schwierige Altersphase für ein auffälliges Verhalten eines Schülers ursächlich sein. Dennoch darf nie darauf verzichtet werden, das jeweilige Motiv oder den Anlass des Schülers herauszufinden, um individuell auf diesen eingehen zu können und auch pädagogisch darauf hinzuwirken, dass zukünftig ein erneutes Fehlverhalten ausbleibt.

SINN UND ZWECK VON ORDNUNGSMASSNAHMEN

Erziehungs- und Ordnungsmaßnahmen haben verschiedene Funktionen. Zum einen soll durch sie der reibungslose Ablauf des Unterrichts und des Schulbetriebs gewährleistet werden. Der störende Schüler soll nicht nur dazu angehalten werden, sich künftig ordnungsgemäß zu verhalten, sondern es soll auch dem Rest der Klasse ein störungsfreies Lernumfeld ermöglicht werden. Wenn ein Schüler, der während des Unterrichts die ganze Zeit laut redet und seine Mitschüler vom Unterricht ablenkt, dauerhaft dieses Verhalten an den Tag legt, dann wird die gesamte Klasse hierdurch beeinträchtigt. Die Mitschüler werden durch den Schüler ebenso wie die unterrichtende Lehrkraft gestört, da diese den Unterrichtsstoff nicht effektiv vermitteln kann. In der Folge lernen alle Schüler der Klasse weniger. Indem eine Erziehungs- und Ordnungsmaßnahme gegen den störenden Schüler ergriffen wird (er beispielsweise einen Tag vom Unterricht ausgeschlossen wird), soll zum einen auf den betroffenen Schüler eingewirkt werden und zum anderen die restlichen Schüler geschützt werden. Zugleich soll bei diesen ein Bewusstsein geschaffen werden, dass ein solches Verhalten nicht geduldet wird.

Erziehungs- und Ordnungsmaßnahmen stellen keine Strafen dar. Dies könnte man auf den ersten Blick annehmen, da die Maßnahmen meist von den Schülern als Strafen empfunden werden. Schüler sollen jedoch durch Erziehungs- und Ordnungsmaßnahmen weder diffamiert noch gegängelt werden. Sie sollen vielmehr langfristig wieder in den Schulalltag eingegliedert und auf sie dahingehend eingewirkt werden, dass eine Verbesserung ihres Benehmens eintritt.

Vorwerfbarkeit des Verhaltens

Damit ein Fehlverhalten geahndet werden kann, muss der Schüler dieses selbst verschuldet haben. Dies ist nur logisch, da nur in diesem Fall der Schüler für sein Verhalten verantwortlich ist. Wenn beispielsweise ein Schüler von einem Mitschüler geschubst wird und auf einen anderen Schüler fällt, der sich daraufhin den Arm bricht, ist lediglich der Schüler zur Rechenschaft zu ziehen, der geschubst hat. Der Schüler, der geschubst wurde, hat schließlich zu der Situation nichts beigetragen und konnte diese nur bedingt beeinflussen. Auch wenn ein Schüler von einer Biene gestochen wird, diese mit dem Arm abgewehrt hat und dabei einen Mitschüler schmerzvoll im Gesicht trifft, müsste genau geprüft werden, ob der Schüler seinen (sekundenschnellen) Abwehrreflex überhaupt gezielt steuern konnte. Das bedeutet, dass ein Schüler erst einmal grundsätzlich dazu in der Lage sein muss, seine Handlungen eigenständig zu lenken. Bei neurologischen Erkrankungen wäre dies zu verneinen – man denke an einen Schüler, der einen epileptischen Anfall bekommt und einen Schüler dabei unabsichtlich verletzt. Wenn keine Erkrankung vorliegt, muss in den Blick genommen werden, ob der Schüler in der konkreten Situation die Möglichkeit hatte, sein Verhalten zu beeinflussen.

Darüber hinaus sind Erziehungs- und Ordnungsmaßnahmen nicht zulässig, die sich gegen mehrere Schüler richten. Es muss bei jedem Fehlverhalten genau ermittelt werden, welcher Schüler für was verantwortlich ist. Ansonsten würden gegebenenfalls diese Schüler dazu angestachelt werden, selbst den Hauptschuldigen zu finden, um einer eigenen Bestrafung zu entgehen. Lediglich wenn eine Tat von mehreren Schülern gemeinsam ausgeübt wurde, wäre eine Reaktion gegenüber diesen Schülern zusammen möglich. Falls also drei Schüler einen Mitschüler verprügelt haben, wäre es gerechtfertigt, allen drei Schülern eine Erziehungs- und Ordnungsmaßnahme aufzuerlegen.

SCHULISCHER ZUSAMMENHANG

Damit die Schule eine Erziehungs- und Ordnungsmaßnahme verhängen kann, muss das Verhalten des Schülers einen Bezug zur Schule aufweisen. Sollte sich der Schüler im privaten Bereich danebenbenommen haben, kommen schulische Erziehungs- und Ordnungsmaßnahmen nicht in Betracht. Wenn also ein Schüler zu Hause stets und ständig seine Eltern anschreit, darf die Schule gegen dieses Verhalten nicht einschreiten. Dies ginge erst, wenn der Schüler damit beginnt, Lehrkräfte in der Schule zu maßregeln. Das Fehlverhalten des Schülers muss dabei nicht unbedingt in der Schule oder auf dem Schulgelände stattgefunden haben. Ausreichend ist es, wenn ein räumlicher und zeitlicher Zusammenhang zur Schule besteht, also das Verhalten des Schülers sich entweder in der Schule, auf dem Schulgelände oder bei außerschulischen Veranstaltungen ereignet hat (z. B. eine Schlägerei zwischen Mitschülern im Klassenzimmer, auf dem Pausenhof oder im Schullandheim). Daneben kommt als Anknüpfungspunkt ein Fehlverhalten infrage, dem ein schulischer Anlass zugrunde liegt. Ein schulischer Anlass kann beispielsweise angenommen werden, wenn ein Schüler an einer Bushaltestelle oder auf dem Schulweg einen Mitschüler beleidigt, in den Schulräumen verbotene Aufnahmen anfertigt und diese über den heimischen Computer im Social Media postet oder beleidigende Äußerungen im Klassenchat tätigt.

STRAFBARES VERHALTEN

Schüler werden in den meisten Fällen eine Pflichtverletzung begangen haben, die nicht zugleich strafrechtlich relevant ist. Ausgeschlossen ist diese Konstellation dennoch nicht. Beispielsweise bei einer Körperverletzung, Beleidigung oder einem Verstoß gegen das Betäubungsmittelgesetz muss von der Schule geprüft werden, ob die Polizei eingeschaltet werden muss (siehe Abschnitt »Straftaten von Schülern«, S. 181f.). Wenn gegen den Schüler dann strafrechtlich ermittelt wird, muss die Schule nicht das Ergebnis dieser Ermittlungen abwarten, sondern kann schon vorher eine Erziehungs- und Ordnungsmaßnahme verhängen. Das macht sogar Sinn, da die ergriffene Erziehungs- und Ordnungsmaßnahme das strafrechtliche Verfahren beeinflussen kann. Das Jugendgerichtsgesetz (JGG) sieht beispielsweise vor, dass die Staatsanwaltschaft von der strafrechtlichen Verfolgung absehen kann, falls bereits eine schulische erzieherische Maßnahme durchgeführt oder eingeleitet worden ist. Zudem könnte der Richter das strafrechtliche Verfahren einstellen, wenn vorab eine erzieherische Maßnahme umgesetzt worden ist und ein Urteil daher nicht erforderlich ist. Diesen Regelungen liegt der Gedanke zugrunde, dass eine strafrechtliche Sanktion gegebenenfalls nicht mehr notwendig ist, wenn der Schüler bereits eine Erziehungs- und Ordnungsmaßnahme erhalten hat und hierdurch zur Einsicht gekommen ist.

MÖGLICHE ERZIEHUNGS- UND ORDNUNGSMASSNAHMEN

In den Schulgesetzen sind zahlreiche Maßnahmen als Reaktionen auf ein Fehlverhalten eines Schülers aufgeführt. Es versteht sich von selbst, dass der Schüler durch die Maßnahmen nicht diffamiert oder körperlich geschädigt werden darf. Züchtigungen jeglicher Art sowie Beleidigungen sind daher strikt verboten. Die Schule könnte allerdings beispielsweise folgende Ordnungsmaßnahmen ergreifen:

NACHSITZEN

Beim »Nachsitzen« ist der Schüler verpflichtet, am Unterricht oder an sonstigen schulischen Veranstaltungen außerhalb des üblichen Unterrichts teilzunehmen. Diese Zeiten kommen folglich zum regulären Unterricht hinzu. Während des Nachsitzens kann dem Schüler die Bearbeitung einer Aufgabe aufgegeben werden. Falls der Schüler eine Schwäche in Deutsch hat, könnte es beispielsweise Sinn machen, den Schüler im Rahmen des Nachsitzens ein bisschen Rechtschreibung üben zu lassen. Daneben könnte er auch eine praktische Aufgabe absolvieren, die geeignet ist, ihm sein Fehlverhalten vor Augen zu führen. Hier würde sich im Falle eines Streits zwischen zwei Schülern oder dem Schüler und einer Lehrkraft eine schriftliche Entschuldigung anbieten, die der Schüler beim Nachsitzen verfasst.

EINTRAG IN DAS KLASSENBUCH

Falls ein Schüler mehrfach negativ in der Schule aufgefallen ist, könnte ein Eintrag im Klassenbuch erfolgen. Das Fehlverhalten des Schülers wird durch den Eintrag dokumentiert und mit dem Schüler und seinen Eltern im Nachhinein besprochen. Oftmals sammeln die Schulen eine bestimmte Anzahl von Fehlverhalten, bevor sie einen Eintrag ins Klassenbuch einfügen. Wenn beispielsweise ein Schüler dreimal den Unterricht gestört hat, würde dann ein Eintrag in das Klassenbuch erfolgen. Dies wird häufig an den Schulen praktiziert, ist allerdings nicht rechtlich zulässig. Die Schulen dürfen bei der Entscheidung für eine Maßnahme nicht schematisch vorgehen. Es muss vielmehr auf jedes Fehlverhalten individuell reagiert werden. Um diesen Gedanken zu verdeutlichen, stellen Sie sich folgende Situation vor: Ein Schüler tuschelt mit seinem Mitschüler dreimal leise im Unterricht, woraufhin die Lehrkraft ihn mehrfach ermahnt. Beim dritten Mal erhält er nun einen Eintrag im Klassenbuch. Ein zweiter Schüler stört ebenfalls den Unterricht dreimal, jedoch tritt er das erste Mal seinem Mitschüler ans Schienbein, beim zweiten Mal wirft er ein Buch gegen den Kopf einer Mitschülerin und zuletzt macht er die

Augen zu und imitiert lautstark Schnarchgeräusche. Beide Schüler werden gleich sanktioniert, während ihr Fehlverhalten aber nicht als gleichwertig einzustufen ist. Ungerecht, oder?

VOR DIE TÜR STELLEN

In den Schulgängen findet sich während des Unterrichts immer mal wieder ein Schüler, der aufgrund seines Verhaltens vor die Tür musste. Da sich der Schüler nicht mehr im Klassenzimmer befindet, kann zumindest der Unterricht störungsfrei abgehalten werden. Andererseits ist diese erzieherische Maßnahme mit Vorsicht zu genießen, da der Schüler vor der Klassenzimmertür meist nicht beaufsichtigt wird und daher oftmals eher Unsinn treibt, als über sein Fehlverhalten zu sinnieren. Aus diesem Grund würde ich persönlich in der Praxis von dieser Maßnahme abraten, da der erzieherische Zweck eher spärlich ausfällt und sich die Schüler von den Klassenzimmern entfernen könnten, um (weiteres) Unheil anzustellen.

ZUWEISUNG EINES ANDEREN SITZPLATZES IM KLASSENZIMMER

Einem Schüler kann als pädagogische Maßnahme auferlegt werden, sich im Klassenzimmer auf einen anderen Platz zu setzen. Meist wird diese Maßnahme gewählt, um den Schüler – und/oder seine/n Nebensitzer – während des Unterrichts zu einer besseren Konzentration zu verhelfen.

SOZIALE DIENSTE

Wenn das Fehlverhalten des Schülers einen Anlass dazu bietet, könnte er als pädagogische Maßnahme auch einen sozialen Dienst ableisten. Falls der Schüler beispielsweise die Hauswand der Schulturnhalle mit Kreide bemalt hat, wäre es sinnvoll, wenn er seine Schmierereien selbst wieder abwischen muss. So wird ihm verdeutlicht, dass seine Handlungen Konsequenzen haben und die Beseitigung seiner Taten gegebenenfalls auch Arbeit verursachen kann. Die Schule muss hierbei darauf achten, dass der soziale Dienst einen Zusammenhang mit dem Fehlverhalten aufweist. Besteht dieser nicht, würde die pädagogische Wirkung der Maßnahme verfehlt werden.

> **PRAXISHINWEIS**
>
> Es ergäbe keinen Sinn, bei einem Fehlverhalten einem Schüler seitenlang eine bestimmte Botschaft abschreiben zu lassen – man denke an den Vorspann der »Simpsons«, wo eine Hauptfigur der Serie als Strafarbeit immer wieder den gleichen Satz an die Tafel schreiben muss, bis die Tafel damit vollgeschrieben ist. Solche Aufgaben erzielen (verständlicherweise) keinen pädagogischen oder erzieherischen Effekt beim Schüler, sodass von solchen Maßnahmen dringend Abstand genommen werden muss.

ÜBERWEISUNG DES SCHÜLERS IN DIE PARALLELKLASSE

Eine Schule kann einem Schüler auferlegen, künftig eine andere Klasse derselben Klassenstufe zu besuchen. Die »Überweisung« in eine Parallelklasse als Ordnungsmaßnahme ist dabei von der bloßen »Umsetzung« des Schülers zu unterscheiden. Die Umsetzung beruht auf organisatorischen Gründen, falls beispielsweise ein Klassenverband aufgelöst wird und die Schüler dieser Klasse auf die restlichen Klassen umverteilt werden müssen. Eine Überweisung kommt jedoch meist zum Zuge, wenn ein Schüler einen Mitschüler der Klasse (mehrfach) physisch oder psychisch angegriffen hat. In der Konsequenz muss oft der verhaltensauffällige Schüler von dem geschädigten Schüler getrennt werden – auch im Sinne der Klassenatmosphäre. Durch die Überweisung wird erheblich in den schulischen Alltag des Schülers eingegriffen, da sich dieser an neue Klassenkameraden sowie Lehrkräfte gewöhnen muss. Der Schüler wird allerdings nicht ausschließlich belastet, sondern erhält hierdurch auch eine Chance auf einen (unbelasteteren) Neuanfang.

AUSSCHLUSS VOM UNTERRICHT

Ein Schüler kann für einen oder mehrere Tage vom Unterricht ausgeschlossen werden. Er darf in diesem Zeitraum den Unterricht nicht besuchen. Während des Ausschlusses muss der Schüler in der Regel die an dem jeweiligen Tag behandelten Unterrichtsthemen eigenständig zu Hause nacharbeiten und entsprechende Aufgaben erledigen. Diese muss er zu Beginn des Unterrichts in der Schule abholen und am Ende eines Unterrichtstages abgeben. Zudem ist er dazu verpflichtet – und im Übrigen auch berechtigt –, an den Klausuren und Leistungsfeststellungen teilzunehmen, die in diesem Zeitraum geschrieben und durchgeführt werden. Ansonsten würde der ausgeschlossene Schüler doppelt benachteiligt werden. Er würde nicht nur den Unterricht verpassen, sondern müsste auch in Kauf nehmen, dass er seine Leistungen nicht in demselben Ausmaß wie seine Mitschüler unter Beweis stellen kann. Dies ist jedoch nicht Sinn und Zweck der Maßnahme.

Ein Schüler kann nicht nur vom Unterricht ausgeschlossen werden, sondern auch von Klassen- oder Schulveranstaltungen. Hierzu zählen beispielsweise Wanderungen, Jahresausflüge, Chor-, Orchester- und Sporttage, der Besuch von bildungsfördernden Einrichtungen, Theateraufführungen und musikalischen Darbietungen, Lehr- und Studienfahrten, Schullandheimaufenthalte oder auch Projekttage. Zwar ist es für Lehrkräfte relativ praktisch, störende Schüler bereits vorab von der nächsten Klassenfahrt fernzuhalten. Immerhin soll die Fahrt reibungslos ablaufen und die Lehrkraft sich nicht stets und ständig um einen problematischen Schüler kümmern müssen. Dennoch sollte diese Maßnahme nicht vorschnell zum Einsatz kommen. Die gemeinsame Zeit fernab vom Unterricht stärkt die Vertrauensgrundlage zwischen Lehrkräften und Schülern und verbessert das Klassenklima. Insbesondere Schülern, die vermehrt durch ihr

Fehlverhalten aufgefallen sind, könnte es daher guttun, etwas Zeit außerhalb des regulären Unterrichts mit ihren Lehrkräften und Mitschülern zu verbringen.

SCHULVERWEIS

Das ist die oberste Eskalationsstufe, die einen Schüler treffen kann. Wenn ein dauerhafter Verweis gegen einen Schüler verhängt wurde, muss dieser die Schule verlassen. Das Schulverhältnis an der Schule wird hierdurch beendet. Der Schüler muss sich dann eine neue Schule suchen. Teilweise kann die aufnehmende Schule eine Verhaltensvereinbarung mit dem Schüler vor seiner Aufnahme abschließen. In Baden-Württemberg darf beispielsweise die neue Schule mit dem Schüler eine Probezeit von bis zu sechs Monaten vereinbaren. Diese dient dazu, dem Schüler eindringlich zu verdeutlichen, dass eine Änderung seines Verhaltens notwendig ist, um langfristig an der neuen Schule bleiben zu dürfen.

WIE LÄUFT EINE ERZIEHUNGS- ODER ORDNUNGSMASSNAHME IN DER PRAXIS AB?

Um zu verdeutlichen, wie eine Erziehungs- und Ordnungsmaßnahme in der Praxis ablaufen würde, wenn sich ein Schüler danebenbenommen hat, stellen Sie sich folgende Situation vor: Ein Schüler tritt einen Mitschüler während der Unterrichtspause auf dem Schulhof. Zwei andere Schüler beobachten das und alarmieren eine Lehrkraft. Diese trennt die Schüler voneinander und benachrichtigt die Schulleitung. So könnte das Anfangsszenario eines typischen Vorfalls aussehen, der eine Erziehungs- und Ordnungsmaßnahme nach sich zieht. Aber wie geht es nun weiter?

Die beiden beteiligten Schüler werden zunächst bei der Schulleitung einbestellt, die sie anhört. Die Schulleitung macht sich so ein erstes Bild vom Motiv des tretenden Schülers. Im Rahmen der weiteren Ermittlung des Sachverhalts werden auch die herbeigerufene Lehrkraft sowie die zwei Zeugen befragt. Die Schule muss den Sachverhalt vollständig aufklären. Sie darf sich nicht nur die Aussagen der zwei Schüler und der zwei Zeugen anhören, sondern sie muss sich aktiv darum bemühen, zu erfahren, wie sich der Vorfall zugetragen hat. Es geht im Übrigen nicht darum, nur Indizien und Beweise zu finden, die dazu geeignet sind, den tretenden Schüler zu überführen. Die Schule ermittelt vielmehr objektiv und neutral – sowohl für den betroffenen Schüler positive als auch negative Beweise werden gesammelt.

In den meisten Bundesländern ist auch eine Anhörung der Eltern zwingend. In der Praxis ist es die Regel, dass die Schulleitung die Eltern nach der Anhörung des Schülers informiert. Zum einen, weil es sich um eine Angelegenheit handelt, über die die Eltern Bescheid wissen müssen (siehe Abschnitt »Informationsrechte von Eltern«, S. 106f.). Hinzu kommt auch, dass die Eltern gegebenenfalls Informationen zum Motiv des Schülers beitragen können, beispielsweise, dass der Schüler auch zu Hause bereits auffällig war.

In den Schulgesetzen ist zudem weitgehend vorgesehen, dass der Schüler eine Anhörung der Schulgremien der Schule, beispielsweise der Schulkonferenz, beantragen kann. Dies hat den Vorteil, dass der Fall des Schülers von verschiedenen Personengruppen (Schulleitung, Lehrkräfte, Eltern und Schüler) beleuchtet wird. Diese können dann ihre Einschätzung zum Fehlverhalten und gegebenenfalls auch neue Aspekte im Hinblick auf die angedachte Erziehungs- und Ordnungsmaßnahme der Schulleitung einbringen. Die endgültige Maßnahme legt allerdings die Schulleitung fest. Meist wird es so sein, dass zwischen dem Fehlverhalten des Schülers und der Reaktion der Schule auf dieses Fehlverhalten eine zeitliche Lücke liegen wird. Dies liegt schon daran, dass der Sachverhalt erst einmal aufgearbeitet und (meist) eine Anhörung der Eltern erfolgen muss. Es ist unbedingt seitens der Schule darauf zu achten, dass dieser Zeitraum nicht zu lang ist, da sonst die Maßnahme ihre Wirkung nicht richtig entfalten kann. Wenn der Schüler irgendwann daran erinnert werden muss, für welche Maßnahme er geahndet wird, dann ist der Sinn und Zweck der schulischen Erziehungs- und Ordnungsmaßnahme verfehlt. Dem Schüler sollten bestenfalls bei der Entdeckung seiner Tat bereits die möglichen schulrechtlichen Folgen dargelegt werden, das heißt, dass ihm zeitnah vermittelt wird, dass er mit der Verhängung einer Ordnungsmaßnahme rechnen muss.

VIELE MASSNAHMEN – ABER WELCHE IST DIE RICHTIGE?

Ob und welche Maßnahme ausgewählt wird, entscheidet die Lehrkraft beziehungsweise – bei schwereren Maßnahmen – die Schulleitung. Es besteht also einerseits ein Handlungsspielraum, ob überhaupt eine Maßnahme ergriffen wird, und andererseits, welche Maßnahme zum Zuge kommt. Die Schule kann auch zu dem Ergebnis kommen, dass eine Maßnahme pädagogisch nicht sinnvoll wäre oder das Verhalten des Schülers dazu keinen Anlass gibt. Lehrkraft oder Schulleitung müssen bei ihrer Entscheidung allerdings verschiedene Kriterien beachten. Sie müssen zum einen das Alter des Schülers, seine geistige Reife und seine persönlichen Verhältnisse berücksichtigen. Es spielt eine große Rolle, ob ein elfjähriger Schüler seinem Mitschüler (im jugendlichen Eifer) einen Tritt verpasst oder ein 17-Jähriger, dem die Konsequenzen seines Handelns aufgrund seines fortgeschrittenen Alters deutlich mehr bewusst sein sollten.

Die ausgewählte Maßnahme darf den Schüler weder zu stark beeinträchtigen noch darf sie zu schwach wirken und damit ihre Wirkung verfehlen. Auch die Umstände des Einzelfalls sowie die den betroffenen Schüler belastenden und entlastenden Tatsachen sind einzubeziehen. Wenn beispielsweise der Schüler bei einem Schulverweis seine Bezugspersonen an der Schule verliert oder kurz vor den Abschlussprüfungen mehrere Wochen vom Unterricht ausgeschlossen wird, ist dieser Umstand bei der Auswahl der Maßnahme auch zu beachten. Oftmals befinden sich Schüler in einer schwierigen (pubertären) Phase oder haben mit familiären Problemen zu kämpfen, die sie dann in der Schule widerspiegeln. Sofern die Schule hiervon Kenntnis hat, muss sie auch diese Faktoren berücksichtigen.

KÖNNEN SICH ELTERN GEGEN ERZIEHUNGS- UND ORDNUNGSMASSNAHMEN WEHREN?

Bei Maßnahmen, die den Schüler wenig bis kaum beeinträchtigen (z. B. ein Eintrag ins Klassenbuch, der Ausschluss eines Schülers von einer laufenden Unterrichtsstunde, die Erledigung einer Strafarbeit), kommt lediglich eine Beschwerde in Betracht (siehe Abschnitt »Beschwerde«, S. 57ff.). Diese schulischen Reaktionen sind nicht als Verwaltungsakt anzusehen und können somit nur mithilfe einer Beschwerde rechtlich überprüft werden. Bei Ordnungsmaßnahmen, die den Schüler weit mehr belasten, wie beispielsweise das Nachsitzen, die Überweisung in die Parallelklasse oder der zeitweilige oder dauerhafte Ausschluss aus der Schule, wäre die Einlegung eines Widerspruchs möglich (siehe Abschnitt »Widerspruch«, S. 208).

SCHWEIGEN IST SILBER, REDEN IST GOLD

Wenn die Schule lediglich erzieherische Maßnahmen gebraucht (z. B. mündlicher Tadel, Eintrag in das Klassenbuch, Wiedergutmachung eines angerichteten Schadens), könnte sie diese Maßnahmen dem Schüler auferlegen, ohne vorab seine Eltern einzubeziehen. Ein Gespräch zwischen der Schule und den Eltern wäre aus rechtlicher Sicht daher nicht unbedingt notwendig. Es versteht sich jedoch von selbst, dass die Schule von sich aus den Kontakt mit den Eltern aufnimmt, wenn sie stärkere Verhaltensauffälligkeiten eines Schülers wahrnimmt. Im gemeinsamen Gespräch kann dann mit den Eltern ausgelotet werden, wie der Schüler eingefangen und ihm geholfen werden kann (siehe Abschnitt »Informationsrechte von Eltern«, S. 106ff.). Vor diesem Hintergrund sollte die Schule frühzeitig das

Gespräch mit den Eltern suchen und mit diesen zusammenarbeiten. Die Schule kann die Eltern hinsichtlich möglicher Fördermaßnahmen für ihr Kind beraten und dafür auch Angebote zur Verfügung stellen. Gegebenenfalls können in diesem Gespräch bereits Hilfestellungen für den Schüler festgelegt werden (z. B. die Einbindung der schulpsychologischen Beratungsstellen). Die Zielsetzung solcher Gespräche sollte sein, künftige und größere Verhaltensauffälligkeiten des Schülers zu verhindern.

ESSEN UND TRINKEN IM UNTERRICHT

Man stelle sich vor, es herrscht Stille im Unterricht und alle Schüler arbeiten konzentriert an einer Aufgabe. Dann packt der kleine Max sein Frühstücksbrot aus und verspeist es genüsslich, während er »Schmatzgeräusche« von sich gibt.

Die meisten Lehrkräfte verbieten – aus gutem Grund – den Verzehr von Essen während des Unterrichts. Da hierdurch der Unterricht gestört wird, gegebenenfalls Mitschüler abgelenkt und das Frühstücksbrot ebenso in der Pause gegessen werden kann, ist ein solches Verbot auch rechtlich zulässig. Genauso gut könnte eine Lehrkraft jedoch auch den Schülern erlauben, ihr mitgebrachtes Essen zu verspeisen. Diese Entscheidung trifft sie im Rahmen ihrer pädagogischen Freiheit und ihres erzieherischen Handlungsspielraumes.

Bei einem Trinkverbot ist die Rechtslage nicht ganz eindeutig. Um das Trinken zu verbieten, müsste der Unterricht gestört werden. Dies ist aus meiner Sicht fraglich. Die Gefahr, dass im Unterricht Wasserschlachten durchgeführt werden, dürfte tatsächlich sehr gering sein. Insbesondere fördert Wasser die Denkleistung und steigert die Konzentrationsfähigkeit. Ein konsequentes Trinkverbot (von Wasser) steht daher eher auf einer wackeligen rechtlichen Grundlage. Die meisten Lehrkräfte erlauben dies sowieso bereits, sodass der Frage wenig Praxisrelevanz zukommt.

FERIEN UND UNTERRICHTSFREIE TAGE

Die Lieblingszeit eines jeden Schülers (und der Lehrkräfte) ist die Ferienzeit. Die Ferien sollen den Schülern das bringen, was sie sich während des Schuljahres hart erarbeitet haben: Erholung und Spaß. Die Zeiträume, in denen die Ferien stattfinden, sind dabei über das gesamte Schuljahr relativ gleichmäßig verteilt und werden fast ausschließlich von den Bundesländern bestimmt. Lediglich die Kultusministerkonferenz legt die Sommerferien zentral fest. Als Ferien gelten in Deutschland die Herbstferien, die Weihnachtsferien, die Winter-/Faschingsferien, die Osterferien, die Pfingstferien und die Sommerferien. Um den Ferienverkehr und die Urlaubsorte zu entlasten, beginnen in den Bundesländern die Sommerferien zu verschiedenen Zeitpunkten. In Baden-Württemberg und Bayern sind sie aufgrund der späten Pfingstferien erst im Spätsommer – dort beginnen sie bundesweit zum Schluss. Neben den Ferienzeiten gibt es in manchen Bundesländern zusätzliche bewegliche Ferientage. Hierunter sind einzelne unterrichtsfreie Tage zu verstehen, über deren Zeitpunkt die Schule eigenverantwortlich entscheidet.

PRAXISHINWEIS

Ein weitverbreiteter Irrglaube ist, dass Lehrkräfte in den Ferien auch immer die ganze Zeit Urlaub haben und nicht arbeiten. Das ist so nicht ganz korrekt und muss daher richtiggestellt werden. Ferien gelten für Lehrkräfte zwar als unterrichtsfreie Zeit, das heißt jedoch nicht, dass sie keine Angelegenheiten für die Schule erledigen. Während in den kurzen Ferien (z. B. in den Winter- oder Faschingsferien) die Lehrkräfte tatsächlich meist fast komplett Urlaub haben (Ausnahmen bestätigen die Regel!), wird in den längeren Ferien insbesondere zu Beginn und am Ende der Ferien gearbeitet. Vor dem Start eines neuen Schuljahres sind viele organisatorische Angelegenheiten zu regeln, und es gilt, den Unterricht für das neue Schuljahr vorzubereiten. Am Ende der Sommerferien stehen zudem die Konferenzen der Lehrkräfte an, bei denen die Schulleitung mit dem Kollegium das kommende Schuljahr vorbespricht. Auch wenn Lehrkräften im Vergleich zum durchschnittlichen Arbeitnehmer viele unterrichtsfreie Zeiten zukommen, sind diese dennoch nicht alle zur Erholung gedacht. Ebenfalls muss in diesem Zusammenhang berücksichtigt werden, dass normale Arbeitnehmer ihren Urlaub weitgehend nach ihren Wünschen verplanen können. Lehrkräfte sind hierbei grundsätzlich auf die Ferienzeiten angewiesen.

FÖRDERVEREIN

An zahlreichen Schulen gibt es einen Förderverein, der häufig auch sehr lebhaft in der Schule und an schulischen Veranstaltungen in Erscheinung tritt. In der Regel sind ehemalige Schüler der Schule, Eltern oder Unternehmen, die der Schule nahestehen, Mitglieder des Fördervereins. Der Förderverein möchte die Schule und ihre Schulangehörigen bestmöglich durch materielle und immaterielle Spenden unterstützen. Meist werden vom Förderverein Zuwendungen an die Schule vergeben (z. B. zusätzliche Lernmittel für die Schüler), Vorträge gehalten, Exkursionen organisiert oder Hilfsangebote für schulische Veranstaltungen unterbreitet. Zu berücksichtigen ist, dass der Förderverein die Schule und den Schulträger bei ihren Aufgaben zwar unterstützen kann, deren Zuständigkeiten übernimmt er allerdings nicht. Beispielsweise kümmert sich der Schulträger um den Schulbau und dessen Sanierung. Der Förderverein kann dabei unter Umständen mitwirken, die Verantwortung für diese Bereiche trägt jedoch der Schulträger.

PRAXISHINWEIS

Die Gründung des Fördervereins richtet sich nach den Vorschriften des Bürgerlichen Gesetzbuches (BGB). Der Verein muss beispielsweise aus mindestens sieben Vereinsmitgliedern bestehen. Es ist zudem ein Vorstand zu wählen, der den Verein in allen Angelegenheiten vertritt. Der Vorstand wird von der Mitgliederversammlung gewählt, die sich in regelmäßigen Abständen trifft. Weitere Einzelheiten, die den Verein betreffen, werden in einer Vereinssatzung geregelt. Meist gibt es an den Schulen einen Förderverein, in dem Eltern Mitglied werden können. Sofern Eltern keine bestimmte Funktion in diesem Förderverein anstreben (z. B. Vorsitzende/-r, Schatzmeister/-in), sind sie zur Zahlung eines geringen Beitrages verpflichtet. Im Gegenzug erhalten Eltern Informationen zur Schule und zur Mitwirkung des Fördervereins am Schulleben und wissen, dass ihr Beitrag unmittelbar den Schülern der Schule zugutekommt.

FOTOS

Siehe Abschnitt »Datenschutz«, S. 65

FREIWILLIGE WIEDERHOLUNG EINES SCHULJAHRES

Normalerweise besucht ein Schüler eine Klassenstufe und wird am Schuljahresende in die nächsthöhere Klassenstufe versetzt. Nicht selten kommt es allerdings vor, dass ein Schüler aufgrund seiner ausreichenden Leistungen versetzt werden würde, der Schüler (oder seine Eltern) sich jedoch wünschen, dass er die Klassenstufe freiwillig wiederholt. Dieser Entscheidung können vielfältige Gründe zugrunde liegen. Beispielsweise kann der Schüler während des Schuljahres häufig krank gewesen sein. Auch kann er den Eindruck gewonnen haben, sein Wissen noch nicht ausreichend genug gefestigt zu haben, um die nächste Klassenstufe erfolgreich zu meistern. Dies ist in der Regel der Fall, wenn es zur Versetzung nur sehr knapp gereicht hat. Aber auch sehr persönliche Gründe, wie die Trennung der Eltern oder der Tod von Familienangehörigen, können einen Schüler derart aus der Bahn werfen, dass er zwar die Versetzung schafft, aber eigentlich nicht sein gewöhnliches Potenzial ausschöpfen konnte. Unter Umständen kann es daher sehr sinnvoll sein, die Kenntnisse der bereits besuchten Klasse aufzufrischen und diese zu wiederholen.

PRAXISHINWEIS

Auch wenn die freiwillige Wiederholung nicht mit dem klassischen »Sitzenbleiben« verwechselt werden darf, so müssen Eltern dennoch bei der Entscheidung unbedingt beachten, wie sich die freiwillige Wiederholung auf die weitere Schullaufbahn ihres Kindes auswirkt. Die Bundesländer regeln diese Fälle unterschiedlich. Teilweise darf der Schüler zwar grundsätzlich die bereits besuchte Klasse wiederholen. Es ist allerdings vorgesehen, dass die schon erreichte Versetzung durch die freiwillige Wiederholung der Klasse wieder aufgehoben wird. Der Schüler gilt damit als nicht versetzt und läuft unter Umständen Gefahr, die Schule verlassen zu müssen, wenn er dann nach der freiwilligen Wiederholung in der gleichen Klassenstufe noch einmal nicht versetzt werden sollte. Andere Bundesländer sehen vor, dass der Schüler weiterhin versetzt bleibt und somit bedenkenlos noch einmal in der gleichen Klassenstufe sitzen bleiben kann. Wichtig ist in jedem Fall, dass Eltern vor ihrer Entscheidung das Gespräch mit der Klassenlehrkraft oder der Schulleitung suchen, um genau diese wichtige Frage zu klären.

GELD

Die Begriffe »Schule« und »Geld« würde man wohl nicht auf den ersten Blick miteinander verbinden. Dennoch gibt es die eine oder andere Konstellation, bei der diese zwei Themen im schulischen Alltag Berührungspunkte aufweisen. Dies ist einerseits bei der sogenannten Schulgeldfreiheit der Fall. Dadurch müssen Eltern an den öffentlichen Schulen für ihre Kinder keine Schulgebühren zahlen. An die Schulgeldfreiheit knüpft die Lernmittelfreiheit an, wodurch in den meisten Bundesländern viele Lernmittel (Schulbücher, Arbeitsblätter etc.) den Schülern von der Schule kostenfrei zur Verfügung gestellt werden (siehe Abschnitt »Lernmittelfreiheit«, S. 120ff.).

Geld spielt im Schulalltag auch eine wichtige Rolle, wenn es um die Bezahlung von Klassenfahrten und Ausflügen geht (siehe Abschnitt »Klassenfahrten und Ausflüge«, S. 113f.). In diesem Zusammenhang kommt es in der Praxis (selten) zu dem Szenario, dass Gelder, die für Klassenfahrten oder Ausflüge gedacht waren, verloren gehen. Es stellt sich dann die Frage, wer nun zahlt, wenn die bereits entrichteten Beträge unauffindbar bleiben. Soweit eine Lehrkraft für die anstehende Klassenfahrt von den Schülern Geld eingesammelt hat und dieses ihr später abhandengekommen ist, müssen die Eltern das Geld natürlich nicht noch einmal zahlen. Der entstandene Schaden wird vom Bundesland ersetzt. Wenn die Lehrkraft das Geld vorsätzlich entwendet hat oder sie bei der Aufbewahrung sehr unachtsam gehandelt hat (z. B. das Geld einfach in der unverschlossenen Schublade ihres Lehrertisches deponiert hat), könnte das Bundesland von ihr das Geld später zurückverlangen.

Teilweise legen Lehrkräfte auf Klassenfahrten oder Ausflügen auch Geld für ihre Schüler aus. Aufwendungen von Lehrkräften, die diese für Schüler vornehmen, müssen von den Eltern im Nachhinein erstattet werden. Dies gilt zumindest für den Fall, dass diese auch notwendig sind. Sollte sich beispielsweise eine Lehrkraft mit ihren Schülern auf Klassenfahrt befinden und sich ein Schüler eine kleine Schnittwunde zuziehen, darf die Lehrkraft für diesen Schüler ein Pflaster kaufen.

Meist haben die Schüler sowieso einen kleinen Taschengeldbetrag dabei und könnten sich das Pflaster selbst kaufen. Wenn dem jedoch nicht so ist, könnte die Lehrkraft hier einspringen und nach der Klassenfahrt das ausgelegte Geld von den Eltern zurückfordern.

GESCHENKE

Kommen wir zu einem Thema, das in der Praxis durchaus mit Tücken behaftet ist: Bei Geschenken an Lehrkräfte oder an deren nahe Angehörige (beispielsweise an den Ehemann/die Ehefrau oder deren Kinder) ist Vorsicht geboten. Diese sind angewiesen, grundsätzlich keine Geschenke, Belohnungen oder andere Zuwendungen von Dritten anzunehmen. Insbesondere gilt das für Lehrkräfte bei Zuwendungen von Schülern oder deren Eltern. Der Gedanke dahinter ist, dass Lehrkräfte nicht in den Verdacht geraten sollen, im Schulalltag bestechlich zu sein. Auch wenn sich die wenigsten Lehrkräfte durch Geschenke oder Ähnliches beeinflussen lassen würden, soll es gar nicht erst dazu kommen, dass eine Lehrkraft in eine solch schwierige Lage kommt. Man stelle sich nur die unglückliche Situation vor, dass ein Schüler seiner Englisch-Lehrkraft eine Woche vor der mündlichen Abiturprüfung einen Präsentkorb vorbeibringt mit Dingen, von denen er weiß, dass die Lehrkraft sie sehr gerne mag. Die Lehrkraft käme höchstwahrscheinlich in Bedrängnis.

Jede Regel wird natürlich durch Ausnahmen geprägt. In bestimmten Fällen ist es möglich, dass Lehrkräfte Geschenke annehmen. Die Lehrkraft muss sich dann an die Schulleitung wenden und von ihr eine Erlaubnis einholen. Wenn die Schulleitung betroffen ist, muss sie die Schulaufsichtsbehörde einbinden. Ob ein Geschenk an eine Lehrkraft übergeben werden darf, ist von vielen Faktoren abhängig. Insbesondere spielen der Wert der Zuwendung, deren Anlass sowie der Kreis der Schenkenden eine große Rolle. Bei Geschenken von einzelnen Schülern oder Elternteilen ist die Genehmigungsschwelle sehr hoch anzusetzen (maximal circa 5,00 Euro je Geschenk). Dies hat den

Grund, dass durch den Geldbetrag ein Schüler oder ein Elternpaar unmittelbar auf eine Lehrkraft Einfluss nehmen kann. Die Lehrkraft steht unter einem höheren Druck gegenüber den einzelnen Schenkenden, als dies bei einer anderen Personengruppe der Fall wäre. Bei gesellschaftlichen Anlässen, wie der Verabschiedung einer Lehrkraft in den Ruhestand oder dem Übergang einer Klasse auf die weiterführende Schule, können auch großzügigere Aufmerksamkeiten (in Maßen!) verschenkt werden. Bei diesen Anlässen sind zum einen meist mehrere Personen am Geschenk beteiligt, und die Lehrkraft wird hinsichtlich der schenkenden Schüler/Eltern zu keinen weiterführenden Tätigkeiten veranlasst, da die Schüler die Schule verlassen.

GRUNDRECHTE

Die Schule ist kein rechtsfreier Raum. Aus diesem Grund müssen Schüler in der Schule nicht nur zahlreiche Vorgaben einhalten, sondern ihnen stehen im Gegenzug ebenso Rechte zu. Auf die im Grundgesetz (GG) verankerten Grundrechte können sich Schüler auch in der Schule vollumfassend berufen. Im schulischen Alltag spielen insbesondere das Grundrecht auf freie Entfaltung der Persönlichkeit (beispielsweise, dass sich ein Schüler grundsätzlich so anziehen darf, wie er das möchte), die Religionsfreiheit (jeder Schüler darf seine Religion ausleben oder auch entscheiden, keinen religiösen Glauben zu haben), die Meinungsfreiheit (Schüler können sich – ohne Beleidigungen – frei äußern und ihre Meinungen kundtun) und die Versammlungsfreiheit (Schülern steht es frei, sich zu Versammlungen zu treffen und diese durchzuführen) eine wichtige Rolle. Das bedeutet nicht, dass sich Schüler ohne jegliche Grenzen frei ausleben dürfen. Die Grundrechte des Grundgesetzes können durchaus in gewissen Grenzen beschränkt werden. Jeder Eingriff in ein grundrechtlich geschütztes Recht muss dabei zunächst auf einer Rechtsgrundlage beruhen. Diese stellt im schulischen Bereich meist das jeweilige Schulgesetz dar. Dann muss geprüft werden, ob die

Rechtsgrundlage auch die Voraussetzungen erfüllt, um ein bestimmtes Grundrecht einzuschränken.

Um den Sachverhalt zu verdeutlichen: In der Vergangenheit haben sich Schüler häufig zu Versammlungen zusammengeschlossen (z. B. »Fridays for Future«), die während der Schulzeit veranstaltet wurden. Versammlungen dürfen tatsächlich grundsätzlich zu jedem Zeitpunkt durchgeführt werden – auch von Schülern. Eine Ausnahme von dieser Freiheit ergibt sich jedoch, wenn eine gesetzliche Bestimmung entgegensteht. Im vorliegenden Fall ist dies die gesetzlich verankerte Schulpflicht, die im Schulgesetz festgehalten ist. Sie bietet eine rechtliche Grundlage, um die Versammlungsfreiheit der Schüler während der Schulzeit zu begrenzen. Sicher stellt die Teilnahme an einer Versammlung, die den Schutz der Umwelt und die Einhaltung der Klimaziele verfolgt, ein ehrenwertes Engagement dar. Dennoch erfüllt auch die Schulpflicht keinen Selbstzweck, sondern soll den Bildungs- und Erziehungsauftrag der Schule gewährleisten. Die Mitwirkung an Veranstaltungen wie »Fridays for Future« und die Schulpflicht sollten sich nicht gegenseitig ausschließen. Die Unterrichtszeiten können nicht verschoben werden. Versammlungen können hingegen auch am Nachmittag nach der Schule abgehalten werden. Dass durch die Wahl der Versammlungszeit am Vormittag viele Schüler teilnehmen würden und den Veranstaltungen hierdurch eine größere mediale Aufmerksamkeit zukommt, muss hierbei außer Betracht bleiben.

GRUNDSCHULE

Der Schulstart eines jeden Schülers beginnt in der Grundschule, die in der Regel die Klassenstufen 1 bis 4 umfasst. Lediglich in Berlin und Brandenburg gehören auch die 5. und 6. Klassenstufe zur Grundschule. Um zu erreichen, dass alle Grundschulen möglichst gleichmäßig ausgelastet sind, können Eltern die Grundschule für ihr Kind in den meisten Bundesländern – bis auf Hamburg und Nordrhein-Westfalen – nicht frei wählen. Ausschlaggebend ist vielmehr der

Grundschulbezirk, in dem die Eltern wohnen. Das bedeutet, dass das Kind an der örtlichen Grundschule im jeweiligen Schulbezirk angemeldet werden muss. Wenn sich Eltern eine andere Schule für ihr Kind außerhalb ihres Grundschulbezirks wünschen, können sie ihr Kind auch an einer privaten Grundschule anmelden (siehe Abschnitt »Privatschulen«, S. 147ff.). Andernfalls wäre es möglich, einen Antrag auf Wechsel des Schulbezirks bei der Schulaufsicht zu stellen. In einem solchen Antrag müssen jedoch konkrete Gründe benannt werden, warum das Kind eine Grundschule eines anderen Schulbezirks besuchen soll.

PRAXISHINWEIS

Eltern sollten wissen, dass auch die Schulverwaltung Kinder einer anderen Grundschule zuweisen kann (sogenannte Schülerlenkung). Eine solche Zuweisung kann durchgeführt werden, um annähernd gleich große Klassen im jeweiligen Schulbezirk zu bilden oder wenn die Aufnahmekapazität einer Schule erschöpft ist. Im letztgenannten Fall musste die Schule eine Auswahl an Schülern treffen, sie kann manche Schüler annehmen und muss andere wiederum abweisen. Bei der Entscheidung berücksichtigt die Schule insbesondere Geschwisterkinder an der Schule und die Nähe der Schule zum Wohnort des Kindes.

GRUNDSCHULEMPFEHLUNG

Für Eltern ist natürlich wichtig zu wissen, wie es nach dem Grundschulbesuch für ihr Kind weitergeht und von welchen Faktoren die Auswahl der weiterführenden Schule abhängig ist. In diesem Zusammenhang ist regelmäßig von der »Grundschulempfehlung« die Rede. Die »Grundschulempfehlung« ist eine Einschätzung der Grundschule, die sich auf die Frage bezieht, welche Schulart der weiterführenden

Schulen (z. B. Gymnasium, Realschule oder Mittel-/Hauptschule) ein Kind nach der Grundschule besuchen sollte. Die Beurteilung der Lehrkräfte beruht dabei vorrangig auf den Leistungen des Kindes. Daneben fließen das Lern- und Arbeitsverhalten (beispielsweise wie eigenständig ein Schüler in der Schule arbeitet) und die bisherige Entwicklung des Kindes in die Bewertung ein. Die Lehrkräfte orientieren sich bei ihrer Einschätzung an den Anforderungen der jeweils weiterführenden Schularten.

Für viel Ärger und Verwirrung hat in den vergangenen Jahren immer wieder die Verbindlichkeit der Grundschulempfehlung gesorgt. In manchen Bundesländern muss sie von der weiterführenden Schule zwingend beachtet werden. Andernorts stellt sie lediglich eine reine Empfehlung dar. In diesem Fall entscheiden alleine die Eltern, welche Schulart ihr Kind nach der Grundschule besuchen soll. Falls die Grundschulempfehlung bindend ist, wie beispielsweise in Bayern, können nicht ausreichende Leistungen für eine bestimmte Schulart auch im Nachhinein noch ausgeglichen werden. In Bayern können Schüler an einem Probeunterricht und an Klausuren der weiterführenden Schule teilnehmen. Es findet ein Probeunterricht in den Fächern Deutsch und Mathematik statt, in denen schriftliche und mündliche Leistungen erhoben werden. Der Probeunterricht gilt als bestanden, wenn die Schüler in einem Fach mindestens die Note 3 und im anderen Fach mindestens die Note 4 erreichen. Im Erfolgsfall kann der jeweilige Schüler dann auf das Gymnasium oder die Realschule übertreten. Wenn die Voraussetzungen für eine bestimmte weiterführende Schulart nicht direkt nach dem Ende der Grundschulzeit erfüllt sind, ist es im Übrigen ebenso noch möglich, die Schulart nach dem Übergang an die weiterführende Schule zu wechseln, wenn sich die Leistungen des Kindes dort verbessern und die entsprechenden Noten vorliegen (wenn also beispielsweise ausreichend gute Leistungen in der Realschule erbracht werden, um von dort auf das Gymnasium zu wechseln).

HAFTUNG VON SCHÜLERN

Wenn sich Schüler in der Schule mal danebenbenehmen, kann dies nicht nur zu Erziehungs- und Ordnungsmaßnahmen führen (siehe Abschnitt »Erziehungs- und Ordnungsmaßnahmen«, S. 75ff.). Falls dabei andere Schüler oder Lehrkräfte zu Schaden gekommen sind, kann der Schüler unter Umständen auch anderweitig zur Verantwortung gezogen werden. So könnte der Schüler für Sachschäden haftbar gemacht oder strafrechtlich belangt werden:

- Wenn es durch einen Schüler zu einem **Sachschaden** gekommen ist – beispielsweise, weil ein Schüler mutwillig und in voller Absicht den Schulranzen eines Mitschülers aus dem Fenster geworfen hat und dieser nun kaputt ist –, kommt es zunächst auf sein Alter an. Der Schüler haftet nach dem Bürgerlichen Gesetzbuch (BGB) nur für Sachschäden, wenn er aufgrund seines Alters und seiner geistigen Reife bereits eine gewisse Einsichtsfähigkeit besitzt. Kinder unter sieben Jahren sind für durch sie verursachte Schäden nicht verantwortlich zu machen. Das Gesetz geht bis zu diesem Alter nicht davon aus, dass das Kind die Konsequenzen seines Handelns vorhersehen konnte. Falls ein Schüler zwischen sieben und 18 Jahren alt ist, haftet er dagegen grundsätzlich für all die Schäden, die er verursacht hat. Der Schüler kann allerdings in jedem Falle vorbringen, dass er auch in diesem Alter die Schwere seiner Handlungen nicht überblicken konnte. Wann dieser Gegenbeweis zum Tragen kommt, ist von dem konkreten Alter des Schülers, dessen Persönlichkeitsbild und dem Vorfall abhängig. Wenn man vor diesem Hintergrund den oben beschriebenen Sachverhalt genauer betrachtet, wird man die Einsichtsfähigkeit bei einem 14-Jährigen eher annehmen können als bei einem elfjährigen Schüler. Der 14-Jährige sollte in der Tat wissen, dass er nicht einfach den Schulranzen seines Mitschülers mehrere Meter tief runterwerfen kann, ohne dass dieser beschädigt werden könnte.

Der 14-Jährige muss dann den Schaden seines Mitschülers ersetzen. Das heißt, entweder muss er seinem Mitschüler einen neuen Schulranzen kaufen oder ihm – wenn dieser nicht mehr im Laden erhältlich ist – den Kaufbetrag des Ranzens erstatten. Wer jetzt davon ausgeht, dass hier sicher die Eltern des 14-Jährigen den Schaden zahlen müssen, da der Schüler selbst über relativ wenig Geld verfügen dürfte, der täuscht sich. Da der Schüler den Schaden verursacht hat, ist er allein zur Zahlung verpflichtet. Meist werden die Eltern den Schaden aus moralischen Gründen zahlen (oder eine Haftpflichtversicherung abgeschlossen haben, die dann zahlt), verpflichtend ist dies jedoch nicht.

- In schwereren Fällen kann ein Schüler auch eine **Straftat** begangen haben. Hierbei kommt es stark auf den Einzelfall an, ob Lehrkräfte oder die Schulleitung diese zur Anzeige bei der Polizei bringen müssen (siehe Abschnitt »Straftaten von Schülern«, S. 181f.). In jedem Fall kann das Opfer der Straftat, beispielsweise ein Schüler, die Tat bei der Polizei anzeigen.

- **Eltern** müssen sich im Übrigen keine Sorgen über die eigene Haftung machen, wenn ihre Kinder in der Schule sind. Zwar können Eltern haften, wenn sie ihrer Aufsichtspflicht nicht nachkommen. Wenn sich ihre Kinder allerdings als Schüler tagsüber in der Schule aufhalten und die Eltern damit ihre Aufsicht gar nicht ausüben können, unterliegen sie für diesen Zeitraum keinerlei Haftung.

Handys

Handys sind in den Schulen nicht mehr wegzudenken. Die meisten Schüler der weiterführenden Schulen besitzen ein Handy und scheuen sich auch nicht, es in die Schule mitzubringen und dort auch zu benutzen. Die Smartphones werden unglücklicherweise nicht nur in der Pause oder nach dem Unterrichtstag verwendet, sondern oftmals auch mitten im Unterricht. Hierdurch werden nicht nur die Schüler abgelenkt, auch der Unterricht wird extrem gestört, wenn untereinander ständig Nachrichten versendet oder Videos abgespielt werden. Ist das der Fall, muss die Lehrkraft eingreifen und die Störungen unterbinden können. Dazu stehen ihr mehrere Möglichkeiten zur Verfügung. In den meisten Fällen reicht eine Ermahnung des Schülers aus, das Handy nicht mehr im Unterricht zu verwenden. Diese Option kommt bei Schülern in Betracht, bei denen die Lehrkraft davon ausgeht, dass sie sich an das Verbot auch halten.

Häufiger aber kommt es vor, dass die Lehrkraft den betroffenen Schülern ihr Handy wegnimmt und es vorübergehend aufbewahrt. Die Schulgesetze sehen vor, dass die Lehrkräfte die zur Erfüllung ihrer unterrichtlichen und erzieherischen Aufgaben erforderlichen Maßnahmen treffen dürfen und schulordnungswidrig mitgeführte oder verwendete Sachen einziehen können. Das Smartphone wird in der Regel dem Schüler am Ende der Unterrichtsstunde oder – falls erzieherisch notwendig – am Ende des Tages zurückgegeben. Sollte die Lehrkraft strafbare Inhalte auf dem Telefon vermuten (beispielsweise Nacktbilder von Mitschülern auf dem Smartphone, beleidigende Nachrichten, verbotene Symbole), darf sie allerdings nicht selbst das Handy durchsuchen. Diese Befugnis hat lediglich die Polizei, die neben den Eltern in einem solchen Verdachtsfall informiert werden sollte.

Schulen ist es im Übrigen rechtlich nicht möglich, Schülern generell das Mitbringen von Handys, zum Beispiel in der Haus- und Schulordnung, zu untersagen (siehe Abschnitt »Verbote in der Schule«, S. 190ff.). Möglich ist jedoch – wie in Bayern ausdrücklich geregelt – das Gebot, im Schulgebäude und auf dem Schulgelände Handys auszuschalten, die nicht zu Unterrichtszwecken verwendet werden.

PRAXISHINWEIS

Was passiert eigentlich, wenn eine Lehrkraft ein Handy eines Schülers aufbewahrt und dieses abhandenkommt, beispielsweise aufgrund eines Diebstahls? Wenn die Lehrkraft während einer Prüfung oder einer Unterrichtsstunde ein Handy für einen Schüler aufbewahrt, hat sie ihre Dienstpflichten nicht verletzt. Es fehlt in dieser Hinsicht an einer Rechtsgrundlage für eine Haftung der Lehrkraft. In der Folge kann kein Ersatz für ein verloren gegangenes oder gestohlenes Handy geltend gemacht werden.

Anders sieht es aus, wenn eine Lehrkraft ein Handy konfisziert und aus Unachtsamkeit ihre Unterlagen so auf dem Tisch richtet, dass das Handy herunterfällt und beschädigt wird. Wenn der Nachweis vorliegt, dass die Lehrkraft den Aufprall verschuldet hat, haftet dann der Dienstherr (das Bundesland) für den entstandenen Schaden.

PRAXISHINWEIS

Viele Prüfungsordnungen sehen vor, dass bereits ein Täuschungsversuch des Schülers vorliegt, wenn dieser sein Handy in der Prüfung lediglich dabeihat, beispielsweise in der Hosentasche. Der Schüler muss dabei das Handy gar nicht verwendet haben. Hintergrund dieser Regelung ist die Befürchtung, dass der Schüler das Handy beispielsweise zum Recherchieren beim Toilettengang benutzen könnte. Schüler müssen daher vor der Prüfung ihr Handy bei der aufsichtsführenden Lehrkraftverbot.

HAUSAUFGABEN

Hausaufgaben werden von den meisten Schülern als überaus nervig empfunden. Sie waren den ganzen Tag in der Schule und müssen nun auch noch zu Hause schulische Aufgaben erledigen. Schüler sollen durch Hausaufgaben allerdings keinesfalls drangsaliert werden, vielmehr stellen Hausaufgaben einen festen Bestandteil des schulischen Bildungs- und Erziehungsauftrages dar. Durch Hausaufgaben werden die im Unterricht vermittelten Kenntnisse wiederholt und gefestigt. Daneben sollen die Schüler durch Hausaufgaben zu einem selbstständigen und eigenverantwortlichen Arbeiten angeleitet werden. Die jeweilige Lehrkraft wählt die zu bearbeitenden Aufgaben aus und achtet darauf, dass die Hausaufgaben dazu geeignet sind, den Unterrichtsstoff nachzuarbeiten, und in einem geeigneten Zeitraum von den Schülern geschafft werden können. Bewertet werden Hausaufgaben nicht. Die Inhalte der Hausaufgaben können jedoch durchaus in schriftlichen oder mündlichen Leistungsfeststellungen abgefragt werden. Wenn ein Schüler seine Hausaufgaben mehrfach nicht gemacht hat, kann dieser Umstand herangezogen werden, wenn der Schüler am Ende des Schuljahres zwischen zwei Noten steht. Ebenso können Erziehungs- und Ordnungsmaßnahmen (siehe Abschnitt »Erziehungs- und Ordnungsmaßnahmen«, S. 75ff.) verhängt werden, wenn der Schüler öfter die Hausaufgaben nicht gemacht oder vergessen hat.

HAUSVERBOT

Schulleitungen können Personen, die den Schulfrieden und die Durchführung des Bildungs- und Erziehungsauftrages gefährden, ein Hausverbot erteilen. Dadurch sollen Störungen von außenstehenden Dritten unterbunden werden. Gemeint sind damit beispielsweise tätliche Übergriffe, erhebliche Beleidigungen oder Bedrohungen von Schulleitungen, Lehrkräften oder Schülern. Um ein Hausverbot verhängen zu können, ist es erforderlich, dass keine andere Möglichkeit besteht, um weitere Störungen zu verhindern. Das Hausverbot muss die einzig verbliebene Option darstellen, um den Schulfrieden zu gewährleisten.

> **PRAXISHINWEIS**
>
> Ein Hausverbot kann auch (in begründeten Fällen) gegen Eltern verhängt werden. Bei einer Zuwiderhandlung und einem weiteren Betreten des Schulgeländes kann eine Strafanzeige wegen Hausfriedensbruch nach § 123 Strafgesetzbuch (StGB) erstattet werden. Da ein Hausverbot eine überaus belastende Maßnahme darstellt und die Eltern sehr stark einschränkt, wird das Verbot zeitlich befristet. Die Eltern können weiterhin telefonisch Kontakt mit der Schule aufnehmen, um schulische Angelegenheiten zu klären.

HITZEFREI

Verbindliche Regelungen, ab wann eine Schule ihre Schüler aufgrund der Außentemperatur nach Hause schicken muss, bestehen weitgehend nicht. Es kommt – wie so oft im rechtlichen Bereich – maßgeblich auf die Umstände des Einzelfalls an. Die Schulleitung muss daher prüfen, ob die Schüler durch die Wärme dem Unterricht überhaupt noch folgen können oder durch die hohen Temperaturen gesundheitliche Bedenken bestehen, wenn sich die Schüler weiterhin in den Unterrichtsräumen aufhalten. Die wichtigsten Beurteilungskriterien stellen folglich die Außentemperaturen sowie die örtlichen Gegebenheiten der Schule dar.

Wenn eine Schule durch eine stabile Dämmung gut gegen Hitze geschützt ist, ist nicht unbedingt eine Freistellung der Schüler nötig.

Da die Wahrscheinlichkeit hoher Temperaturen in den frühen Morgenstunden eher gering ist, bietet es sich an, den Unterricht in den ersten Stunden auf jeden Fall durchzuführen, um Unterrichtsausfall so weit wie möglich zu vermeiden. Zudem sollten sich benachbarte Schulen untereinander abstimmen, um einheitlich vorzugehen.

HOMESCHOOLING

Unter »Homeschooling« (Unterricht zu Hause) wird die Beschulung von Kindern in deren Zuhause verstanden. So richtig populär wurde der Begriff in der Corona-Pandemie, die Schule wich aus auf eine zeitweilige Onlinedurchführung des Unterrichts. Das klassische Homeschooling meint jedoch den Unterricht, der entweder von den Eltern des Kindes oder von privat finanzierten Lehrkräften durchgeführt wird und dabei in keinem Zusammenhang zur regulären Beschulung in der Schule steht. Die Gründe der Eltern, die sich diese Unterrichtsform wünschen, sind vielfältig. Beispielsweise wird von den Befürwortern angeführt, dass hierdurch zielgerichteter auf die Kinder und die eigenen pädagogischen Vorstellungen eingegangen werden könne. Daneben spielen oftmals religiöse Überzeugungen eine tragende Rolle. In Deutschland stellt der Hausunterricht jedoch keine rechtlich zulässige Alternative zum Schulbesuch dar. Die in allen Bundesländern geltende Schulpflicht schließt eine Beschulung fernab der öffentlichen und privaten Schulen für schulpflichtige Kinder aus. Falls Eltern ihr Kind zu Hause beschulen, liegt eine Schulabstinenz vor (siehe Abschnitt »Schulsäumnis«, S. 172f.).

Eine Ausnahme gilt für schulpflichtige Kinder, die infolge einer längerfristigen Erkrankung (meist sechs bis acht Wochen) die Schule nicht besuchen können. Diese erhalten dann Hausunterricht – teilweise von den Lehrkräften der eigenen Schule. Voraussetzung für eine Heimbeschulung ist, dass die Schüler aufgrund ihres Gesundheitszustandes dazu in der Lage sind und die Gesundheit der Lehrkräfte nicht gefährdet wird. Der Antrag für den Hausunterricht muss von den Eltern bei der besuchten Schule oder bei den jeweils zuständigen Ansprechpartnern der Schulaufsichtsbehörden gestellt werden. Dieser Antrag muss ein ärztliches Attest beinhalten, aus dem hervorgeht, warum und wie lange der Schüler am Schulbesuch gehindert sein wird.

INFORMATIONSRECHTE VON ELTERN

Eltern möchten auf dem neuesten Stand sein, was ihr Kind und seine schulischen Angelegenheiten betrifft. Die Schule teilt ihnen daher wesentliche, ihr Kind betreffende Informationen mit. Hierzu gehören Informationen zum Leistungsstand, zum Lernverhalten, zur Entwicklung des Persönlichkeitsbildes und zu sonstigen wichtigen Sachverhalten, die in Zusammenhang mit der Schule stehen. Ansprechpartner der Eltern für schulische Fragen sind dabei vorwiegend:

- die Klassenlehrkraft und die Fachlehrkräfte
- die Schulleitung
- die Elternvertretungen auf den verschiedenen Ebenen (z. B. Klassenelternvertreter und Elternbeirat) und
- die Schulaufsicht

Eltern erhalten maßgeblich jeweils am ersten Elternabend im neuen Schuljahr Informationen, im Rahmen derer die Klassenlehrkraft über Themen berichtet, die für die Klasse relevant sind. An den später folgenden Elternabenden führen die Klassenlehrkräfte oder die Fachlehrkräfte meist Einzelgespräche mit den Eltern, bei denen Informationen ausgetauscht und Fragen geklärt werden. Daneben dürfen sich Eltern auch an die Schulleitung mit ihren Anliegen wenden, sofern dies erforderlich ist. Meist empfiehlt sich jedoch erst das persönliche Gespräch mit der entsprechenden Lehrkraft, da diese den Schüler gut kennt und die Fragen oft beantworten kann.

PRAXISHINWEIS

Wenn Themen offen sind oder Eltern etwas besprechen wollen, wird eine Lehrkraft den anfragenden Eltern einen Gesprächstermin anbieten oder anderweitig die entsprechende Auskunft erteilen.

In seltenen Fällen werden jedoch die Grenzen des zumutbaren und des erforderlichen Informationsaustausches zwischen Lehrkräften und einzelnen Elternteilen überspannt. Eine Lehrkraft führt den Unterricht in diversen Klassen und Klassenstufen durch und muss deswegen viele Aufgaben bewältigen. Ihr ist es nicht möglich, eine Vielzahl von Anliegen einzelner Elternteile zu beantworten, die keinen sachlichen Grund haben oder in einer erhöhten Häufigkeit auftreten.

Hierzu zählen nicht die Nachfragen zu einer Leistungsfeststellung oder der Hinweis an eine Lehrkraft, dass eine Konfliktsituation besteht. Je problematischer der Leistungsstand eines Schülers in der Schule ist, desto mehr Informationen müssen ausgetauscht werden, wodurch die Verständigung und Kommunikation zwischen Eltern und Lehrkräften mehr Zeit in Anspruch nimmt als bei Eltern, deren Kind ohne Probleme den Schulbesuch meistert. Dieser Informationsaustausch muss sein.

Mit zu häufigen Anliegen ohne sachlichen Grund sind vielmehr schikanöse Anfragen gemeint, die einen großen Teil der Zeit einer Lehrkraft einnehmen und diese von ihrer eigentlichen Arbeit – der

Durchführung des Unterrichts, der Anfertigung und Kontrolle von Leistungsfeststellungen und der Erziehung der Schüler – schlichtweg abhält. Es würde zudem dem Gleichbehandlungsgrundsatz widersprechen, wenn bestimmte Schüler und deren Eltern eine zentralere Stellung im Arbeitsalltag einer Lehrkraft einnehmen als andere.

Daneben sind die zeitlichen Grenzen der Beanspruchung von Lehrkräften zu wahren. Eine Lehrkraft muss abends oder an den Wochenenden keine E-Mails beantworten oder Telefonate führen, um Elternanliegen zu klären oder Auskünfte zu geben.

INTEGRATION

Ein wichtiger Baustein der Integration von jungen Menschen aus dem Ausland ist deren Teilnahme am Schulunterricht. Durch den täglichen Kontakt mit den Mitschülern können sie ihre Sprachkenntnisse schnell verbessern und verlieren im Hinblick auf die bisherige schulische Bildung in ihrem Heimatland nicht den Anschluss. Daneben entwickeln die Kinder und Jugendlichen durch den Schulbesuch ein Verständnis für die Grundlagen des gesellschaftlichen Zusammenlebens. Vorrangiges Ziel muss es sein, Kinder und Jugendliche in die Lage zu versetzen, nach Abschluss ihrer schulischen Laufbahn eine Berufsausbildung oder ein Studium aufzunehmen.

Die Pflicht zum Schulbesuch besteht auch für alle Kinder und Jugendlichen, die ihren Wohnsitz oder gewöhnlichen Aufenthalt in Deutschland haben oder wenn der Aufenthalt des Kindes selbst oder seiner Eltern aufgrund eines Asylantrags gestattet ist oder diese geduldet werden. Teilweise kann die Schulaufsichtsbehörde ausländische Jugendliche, die mindestens 14 Jahre alt sind, auf deren Antrag in besonderen Härtefällen von der Schulpflicht befreien. Diese Option besteht insbesondere für Fälle, in denen wegen der Kürze der verbleibenden Schulbesuchszeit eine sinnvolle Förderung nicht erwartet werden kann. Da die Schüler jedoch einen Schulabschluss erwerben sollen, mit dem sie ihre berufliche Zukunft bestreiten können, wird diese Möglichkeit (sinnvollerweise) eher selten genutzt.

Die Schulen und Schulaufsichtsbehörden mussten in den vergangenen Jahren durch die erhöhte Anzahl von Geflüchteten viele organisatorische Vorkehrungen treffen. Räumliche Kapazitäten mussten erweitert (oder erst geschaffen), zusätzliche Lehrkräfte eingestellt und sprachliche Barrieren überwunden werden. In der Praxis werden die Kinder und Jugendlichen meist nicht gleich in die regulären Klassen an den Schulen integriert. Dies hat den Grund, dass zunächst an den Sprachkenntnissen gearbeitet werden muss, damit die Kinder und Jugendlichen den normalen Unterricht auf sprachlicher Ebene verstehen können. Es werden daher in der Regel an den Schulen Extraklassen eingerichtet, in denen Sprachkenntnisse vermittelt werden. Sobald wie möglich werden die Kinder und Jugendlichen dann in die regulären Klassen überwiesen und nehmen normal am Unterricht teil.

JUGENDAMT

In den Schulgesetzen sind zum Teil Informationspflichten der Schule gegenüber dem Jugendamt verankert, die eine Kindeswohlgefährdung verhindern sollen. Die Schule soll das Jugendamt unterrichten, wenn ernsthafte Anhaltspunkte vorliegen, dass das Wohl eines Schülers gefährdet oder beeinträchtigt ist. Eine Kindeswohlgefährdung wird beispielsweise bei häuslicher Gewalt, dem Unterlassen ärztlicher Hilfemaßnahmen oder einer Verwahrlosung angenommen. Für die Lehrkräfte ist es dabei nicht immer einfach einzuschätzen, wann ein solcher Fall vorliegt. Keineswegs möchte man den Eltern eine Kindeswohlgefährdung unterstellen, wenn eine solche nicht gegeben ist. Das Gesetz zur Kooperation und Information im Kinderschutz (KKG) eröffnet daher für die Schulen die äußerst sinnvolle Option, dass sie sich vom Jugendamt anonym beraten lassen können. Die Lehrkräfte können den entsprechenden Sachverhalt in einer anonymisierten Form schildern, und die Vertreter des Jugendamtes geben dann eine Einschätzung ab, ob eine Kindeswohlgefährdung vorliegen könnte und wie weiter verfahren werden kann.

Wenn das Jugendamt von der Schule konkret über eine mögliche Kindeswohlgefährdung informiert worden ist, wird es im Nachgang der Schule eine Rückmeldung geben, ob sich der Verdacht bestätigt hat und ob das Jugendamt zum Schutz des Schülers Maßnahmen treffen musste.

PRAXISHINWEIS

Keineswegs wird eine Schule im Falle eines Verdachtes der Kindeswohlgefährdung ohne vorherige Rücksprache mit den Eltern eine Meldung an das Jugendamt abgeben. Sollten Lehrkräfte den Eindruck haben, dass ein Schüler vernachlässigt wird, wird erst einmal die Situation mit den Eltern abgeklärt. Nur wenn sich auch nach dem Gespräch mit den Eltern der Verdacht nicht entkräftet (oder sogar erhärtet) hat, wird die Schule das Jugendamt informieren. Das macht sie auch, wenn sich die Eltern einem Gespräch gänzlich verweigern.

KLASSENARBEIT

Jeder kennt sie aus der eigenen Schulzeit: die Klassenarbeiten, die in Bayern auch als »Schulaufgaben« bezeichnet werden. Im Gegensatz zu den Tests oder Extemporalien sind Klassenarbeiten deutlich umfangreicher und beziehen sich auf den Unterrichtsstoff mehrerer Unterrichtsstunden. Eine Klassenarbeit muss von der Lehrkraft grundsätzlich vorab angekündigt werden und dauert in der Regel zwischen 45 und 90 Minuten. Wie oft Klassenarbeiten geschrieben werden, entscheidet nicht die Lehrkraft. In den schulrechtlichen Vorschriften der jeweiligen Bundesländer ist die Anzahl der Klassenarbeiten pro Schuljahr genau vorgegeben.

Wenn sich Schüler – im Optimalfall – ausreichend auf eine Klassenarbeit vorbereiten, haben sie dafür einigen zeitlichen Aufwand. Wichtig ist daher, dass Schüler – wenn möglich – nicht innerhalb kurzer Zeit hintereinander Klassenarbeiten der verschiedenen Unterrichtsfächer schreiben müssen. Denn es macht einen Unterschied, ob Schüler bloß eine Klassenarbeit pro Woche schreiben oder gleich drei in einer Woche angesetzt sind. Damit die Schüler nicht gänzlich überfordert werden und hinreichend Zeit haben, sich auf die jeweiligen Klassenarbeiten vorzubereiten, regeln die Schulverordnungen, dass nur eine Klassenarbeit pro Tag geschrieben werden darf und die Prüfungen möglichst gleichmäßig über das gesamte Schuljahr zu verteilen sind.

Im Einzelfall kann es vorkommen, dass eine Lehrkraft die Rückgabe einer Klassenarbeit ankündigt, aber sich die Rückgabe dann doch zeitlich verschiebt. Beispielsweise kann die Lehrkraft krank geworden sein oder ist schlichtweg überarbeitet. Die verspätete Rückgabe einer Klassenarbeit – genauso die eines Tests – hat keine Auswirkungen auf die gegebene Note. Es ist ärgerlich für die Schüler, da diese vielleicht auf ihre Korrektur warten und sich mithilfe der Anmerkungen der Lehrkraft verbessern wollen, dennoch können Schüler und auch Eltern der Lehrkraft keine eigenmächtige Frist für die Rückgabe setzen. Falls es nicht bei einem Einzelfall bleibt oder die Lehrkraft trotz mehrerer Nachfragen die Arbeit nicht korrigiert, ist es sinnvoll, sich an die Schulleitung zu wenden. Teilweise regeln die schulrechtlichen Vorschriften der Bundesländer, dass vor der Rückgabe auch keine neue Arbeit geschrieben werden darf. Die Schüler sollen durch Klassenarbeiten und Tests nicht nur eine Note für ihr Zeugnis generieren, sondern ihr Wissen vertiefen und ihre Fehler verbessern. Dies können sie jedoch nur, wenn sie ihre eigenen Fehler kennen. Die Korrektur einer Arbeit samt der enthaltenen Anmerkungen trägt maßgeblich hierzu bei.

Oftmals verwenden Lehrkräfte eine einmal erstellte Klassenarbeit auch im nächsten Schuljahr wieder, falls sie die gleiche Klassenstufe unterrichten. Dies kann durchaus so gehandhabt werden. Zwar könnte man der Meinung sein, einzelne Schüler hätten dadurch einen ungerechtfertigten Vorteil, beispielsweise wenn der Bruder einer Schülerin die Klassenarbeit bereits im Vorjahr geschrieben hat und diese nun an seine Schwester weitergibt. Diese Möglichkeit kann nicht gänzlich verhindert werden. Wenn die Schülerin die Klassenarbeit vorab durchgearbeitet hat und nun mit hervorragenden Leistungen glänzt, dann steht ihr die jeweilige (gute) Note auch zu.

KLASSENBUCH

Im Klassenbuch werden in der Regel Unterrichtsthemen, Fehltage, vergessene Hausaufgaben oder Verstöße gegen die Haus- und Schulordnung vermerkt. Problematisch sind insbesondere negative Einträge über Schüler, beispielsweise ein Eintrag, dass ein bestimmter Schüler schon wieder im Unterricht eingeschlafen ist. In diesem Zusammenhang sind datenschutzrechtliche Belange zu beachten, wenn einzelne Schüler das Klassenbuch von einer zur nächsten Unterrichtsstunde tragen müssen und es nicht direkt von den Lehrkräften verwahrt wird. Da die Schüler während der Pausen (theoretisch) die Möglichkeit hätten, in das Klassenbuch zu schauen und die jeweiligen Einträge zu begutachten, ist diese Vorgehensweise datenschutzrechtlich nicht zulässig. Schüler könnten sich sonst über das Betragen ihrer Mitschüler genau informieren. Die Schule muss daher sicherstellen, dass entweder keine negativen Einträge zu einzelnen Schülern im Klassenbuch stehen oder das Klassenbuch nicht in die Hände der Schüler gelangt. Einige Schulen führen das Klassenbuch bereits in digitaler Form, was eine gute Alternative zum physischen Klassenbuch darstellt, da es auch nur von den Lehrkräften eingesehen werden kann.

KLASSENFAHRTEN UND AUSFLÜGE

Klassenfahrten und Ausflüge (auch »außerunterrichtliche Veranstaltungen« genannt) haben im schulischen Alltag eine besondere Bedeutung. Nicht nur die Schüler freuen sich darauf, abseits der Schule Zeit mit ihren Klassenkameraden zu verbringen und neue Sachen zu erleben, sondern auch den meisten Lehrkräften kommt die Abwechslung zum Unterrichten nicht ungelegen. Klassenfahrten und Ausflüge geben Schülern und Lehrkräften die Möglichkeit, sich auch außerschulisch näher kennenzulernen. Dadurch wird die gemeinsame Vertrauensbasis gestärkt, und die Schüler werden dahingehend unterstützt, Eigenverantwortung und spezielle Fertigkeiten zu entwickeln. Beispielsweise können Wandertage, Chor-, Projekt- oder Sporttage durchgeführt werden. Auch steht es den Lehrkräften frei, mit den Schülern Museen, Theateraufführungen oder Gedenkstätten zu besuchen oder einen Schullandheimaufenthalt zu planen. Bei Klassenfahrten muss vorab die Zustimmung der Eltern für die Teilnahme ihres Kindes eingeholt werden. Wenn einzelne Schüler nicht mitfahren, müssen sie in dieser Zeit verpflichtend eine andere Klasse besuchen. Sollten die Schüler während der Fahrt etwas Zeit zur freien Verfügung haben, muss ebenfalls das Einverständnis der Eltern eingeholt werden, da in diesem Zeitraum kein Schutz der gesetzlichen Schülerunfallversicherung besteht (siehe Abschnitt »Schülerunfallversicherung«, S. 159ff.).

Die begleitenden Lehrkräfte müssen die Schüler während der Klassenfahrten und Ausflüge beaufsichtigen. Wie weitgehend die Aufsicht sein muss, richtet sich – wie bei der Aufsicht im regulären Schulbetrieb an der Schule – nach dem Alter der Schüler, deren Reife und dem Gefahrenpotenzial des jeweiligen Ausfluges oder der entsprechenden Fahrt (siehe Abschnitt »Aufsichtspflichten von Lehrkräften«, S. 48ff.). Oftmals wird die Frage gestellt, wie Lehrkräfte bei Klassenfahrten ihre Aufsicht nachts wahrnehmen müssen. Bei den Schülern sind nächtliche Aktivitäten (leider) allseits beliebt. Dennoch kann und muss eine Lehrkraft die Schüler nicht dauerhaft nachts beaufsichtigen. Wichtig ist, dass die Lehrkraft die Schüler dazu anhält, zu einer bestimmten Uhrzeit auf den Zimmern zu sein und die Nachtruhe einzuhalten. Falls sich besondere Vorkommnisse ereignen (z. B. laute Musik), muss sie in den Zimmern nachsehen, ob alles in Ordnung ist, und die Schüler zur Ruhe ermahnen.

Während eines Ausfluges oder einer Klassenfahrt können von den begleitenden Lehrkräften auch Erziehungs- und Ordnungsmaßnahmen verhängt werden. Gegebenenfalls muss beispielsweise der Heimtransport eines Schülers mit dessen Eltern geklärt werden. Die Eltern müssen – falls es das Alter des Schülers erfordert – ihr Kind abholen und hierfür auch die Kosten tragen. Bestenfalls teilen die Lehrkräfte diese Formalien den Eltern bereits vor der Teilnahme ihres Kindes an einem Ausflug oder einer Klassenfahrt mit, sodass im Ernstfall Unklarheiten vermieden werden und schnell gehandelt werden kann.

PRAXISHINWEIS

Sollte ein Schüler doch nicht bei der Klassenfahrt mitfahren können (oder wollen), dann besteht unglücklicherweise keine Möglichkeit für die Eltern, das bereits gezahlte Geld zurückzuverlangen. Lediglich wenn Kosten eingespart werden können oder nicht anfallen (zum Beispiel weil der Tagesausflug erst vor Ort gebucht und bezahlt wird), dann werden diese Gelder zurückerstattet. Deshalb ist es besonders wichtig, dass Lehrkräfte mit den Eltern im Rahmen einer Planung besprechen, ob eine Reiserücktrittsversicherung sinnvoll ist. Es fallen hierbei zwar zusätzliche Kosten an, dennoch würden Schüler (und ihre Eltern) finanziell profitieren, wenn im Ernstfall doch etwas dazwischenkommt.

KLASSENLEHRKRAFT

Die wichtigste Bezugsperson für Schüler einer Klasse oder eines Kurses ist ihre Klassen- oder Kurslehrkraft. Sie erteilt nicht nur Unterricht in diversen Klassen oder Kursen, sondern ist daneben auch zusätzlich mit der Leitung einer Klasse oder eines Kurses beauftragt. Die Klassen- oder Kurslehrkraft nimmt in Bezug auf ihre Klasse oder ihren Kurs verschiedene Aufgaben wahr:

- Sie erstellt eine Sitzordnung zu Beginn eines Schuljahres für ihre Klasse oder ihren Kurs (sofern sie diese nicht den Schülern selbst überlässt).
- Von ihr wird das Klassenbuch geführt.
- Auch die Klassenfahrten werden maßgeblich von ihr organisiert.
- Eltern werden durch sie über schulische Angelegenheiten informiert.
- Daneben nimmt sie an den allgemeinen Elternabenden teil und ist zuständig für einzelne Erziehungs- und Ordnungsmaßnahmen.

PRAXISHINWEIS

Die Klassen- oder Kurslehrkraft ist für Eltern ihr vorrangiger Ansprechpartner. Falls Fragen bestehen, die sich nicht auf ein bestimmtes Fach beziehen, ist die Klassen- oder Kurslehrkraft für deren Beantwortung zuständig. Lediglich wenn Eltern (oder Schülern) auf dieser Ebene nicht weitergeholfen werden kann oder wenn es Probleme zwischen der Klassen- oder Kurslehrkraft und den Eltern oder Schülern gibt, wäre die Schulleitung der nächste Ansprechpartner.

KLEIDUNG IN DER SCHULE

Siehe Abschnitt »Verbote in der Schule«, S. 190ff.

KOPFNOTEN

Kopfnoten – auch als »Verhaltensnoten« bekannt – boten und bieten immer wieder Anlass für Unstimmigkeiten zwischen Schule und Eltern. Als Kopfnoten werden Noten bezeichnet, die sich nicht auf die Leistungen des Schülers in den Unterrichtsfächern beziehen (also beispielsweise die Leistungen in den schriftlichen Klausuren), sondern auf andere Kompetenzen. Hierunter fallen beispielsweise die Mitarbeit im Unterricht und das soziale Verhalten des Schülers innerhalb der Schulgemeinschaft. Zum Teil wird der Sinn und Zweck von Verhaltensnoten angezweifelt, da diese keinen Einfluss auf die Versetzung des Schülers haben und daher eher eine Art »Randnotiz« im Zeugnis darstellen. Auch sind Eltern und Schüler regelmäßig verwundert, wenn die im Zeugnis angegebene Kopfnote für sie nicht nachvollziehbar ist. In den meisten Bundesländern werden daher inzwischen keine Kopfnoten mehr erteilt.

KRANKENUNTERRICHT

Siehe Abschnitt »Homeschooling«, S. 105

KRISEN- UND GEWALTVORFÄLLE

Zum Glück treten Krisen und Vorfälle, die im Zusammenhang mit Gewalt stehen, nur relativ selten an deutschen Schulen auf. Dennoch ist es wichtig, dass Schulleitungen und Lehrkräfte im Ernstfall wissen, was zu tun ist und wie sie mit derartigen Situationen umgehen müssen. Unter Krisen und Gewaltvorfällen sind insbesondere Bomben- und Amokdrohungen, Amokläufe, Geiselnahmen oder Brände zu verstehen. Von unschätzbarem Wert ist ein koordiniertes und schnelles Vorgehen der Beteiligten. Die entsprechenden Maßnahmen leitet zunächst die Schulleitung ein, falls noch keine anderen

Einsatzhelfer der Polizei oder Feuerwehr in der Schule eingetroffen sind. Die Schritte, die veranlasst werden müssen, sind dabei abhängig von der jeweiligen Gefahrensituation. Während beispielsweise bei einem Amoklauf die Schüler und Lehrkräfte in den Unterrichtszimmern bleiben sollten, muss im Falle eines Brandes die Schule sofort geräumt werden.

Um sich auf solche Situationen vorzubereiten, werden in der Regel an den Schulen Krisenteams gebildet. Zu Beginn eines jeden Schuljahres beruft die Schulleitung dieses Team ein und bespricht einzelne Konstellationen und deren Handhabung. Darüber hinaus werden natürlich auch die Lehrkräfte und Schüler informiert, wie im Ernstfall zu handeln ist. Auch muss mindestens einmal pro Jahr eine Alarmübung für den Brandfall durchgeführt werden, bei der auch die Schüler einbezogen werden müssen. Meist wird zudem von der Schulleitung in Abstimmung mit dem Schulträger ein Krisenplan erstellt, der die örtlichen Verhältnisse an der konkreten Schule berücksichtigt sowie auch der Polizei und der Feuerwehr zur Verfügung gestellt wird.

LEHRERMANGEL

»Zu wenig Lehrkräfte«, »angespannte Unterrichtsversorgung« oder auch »drohender Unterrichtsausfall« sind nur einige Schlagworte, die in den bundesweiten Medien im Hinblick auf den Lehrermangel kursieren. Viele Eltern haben den berechtigten Wunsch, dass ihre Kinder weitgehend lückenlos beschult werden, damit die Inhalte der Lehrpläne vollständig vermittelt und die Schüler optimal auf ihre jeweiligen Abschlussprüfungen vorbereitet werden können.

Während für einige Schularten meist Lehrkräfte vorhanden sind (z. B. für die Gymnasien), besteht bei anderen Schularten noch Luft nach oben (zum Beispiel für Grundschulen und Sonderpädagogische Schulen). Auch der Ort, an dem sich die jeweilige Schule befindet, spielt eine Rolle bei der Versorgung. Für manche Städte, insbesondere Großstädte, gibt es große Zahl an Lehrkräften, die dort gern eingesetzt werden möchten. Bei anderen Orten, maßgeblich im ländlichen Raum, ist es schwieriger, geeignete Lehrkräfte zu finden. Daneben werden durch den Zuzug aus dem Ausland, beispielsweise aufgrund des Ukraine-Krieges, und durch Pensionierungswellen vermehrt Lehrkräfte benötigt. Auch die berechtigte Möglichkeit für Lehrkräfte, ihre Arbeitszeit zu reduzieren (beispielsweise aus familiären Gründen), führt zu weniger Einsatzstunden an den Schulen.

Auf die Frage, wie die Problematik der fehlenden Lehrkräfte gelöst werden kann, gibt es verschiedene Lösungsvorschläge. Von einem Ausbau der zur Verfügung stehenden Studienplätze für das Fach Lehramt über eine bessere Bezahlung der Lehrkräfte bis hin zur vereinfachten Einstellung von Personen ohne Lehramtsstudium werden hier viele Ansichten vertreten. Die Schulverwaltungen sind bemüht, vor dem Beginn eines Schuljahres die Unterrichtsversorgung an den Schulen sicherzustellen und die Schulen mit genügend Lehrkräften auszustatten. Die Schulen verfügen zudem über Lehrerreserven, damit personelle Ausfälle vermieden werden können und Vertretungsunterricht stattfinden kann. Um kurzfristige und längerfristige Ausfälle von Lehrkräften zu kompensieren, können Lehrkräfte zudem auch für einige Stunden an benachbarten Schulen unterrichten. Auch über die Möglichkeit des Direkteinstiegs für Berufserfahrene ohne Lehramtsstudium wird der Lehrermangel abgefedert. Der Direkteinstieg kommt für Personen infrage, die im Hinblick auf die jeweilige Fachrichtung, in der unterrichtet werden soll, ein geeignetes Studium absolviert haben und über eine mehrjährige Berufserfahrung in ihrem Gebiet verfügen. Es ist wichtig, so viele (geeignete) Lehrkräfte wie möglich einzustellen, aber auch, die Qualität des Unterrichts zu gewährleisten.

LEHRKRÄFTE UND IHRE TO-DOS

Was macht eigentlich eine Lehrkraft während ihrer Arbeitszeit? Es ist beileibe nicht so, dass eine Lehrkraft ihren Unterricht maßgeblich mithilfe von Filmvorführungen bestreitet, ihre Pausen genüsslich mit einer Kaffeetasse in der Hand verbringt und spätestens um 14 Uhr gemütlich zu Hause sitzt – von den rund drei Monaten Ferien ganz zu schweigen. Diese Vorstellung entspricht nicht der Realität. Lehrkräfte haben eine Vielzahl an Tätigkeiten zu erledigen, die nur schwer vollumfänglich wiedergegeben werden können. Insbesondere die nachfolgenden Aufgaben spielen eine wichtige Rolle in ihrem beruflichen Alltag:

- die Vorbereitung des Unterrichts unter Berücksichtigung des jeweils geltenden Lehrplans
- die Durchführung des eigenen Unterrichts und die Vertretung anderer Lehrkräfte
- die Aufsichtsführung über die Schüler
- die Gestaltung und Korrektur von Leistungsfeststellungen der Schüler
- die Teilnahme an Elternabenden, Dienstbesprechungen, Klassenkonferenzen, Fachkonferenzen, Schulkonferenzen, Fortbildungen oder sonstigen schulischen Veranstaltungen (z. B. Schulfeste)
- gegebenenfalls der Einsatz als Klassen- oder Kurslehrkraft (Leitung der Klasse oder eines Kurses)

Hinzu kommen noch individuelle Gesprächstermine mit Eltern, beispielsweise, wenn ein Schüler in der Schule Probleme hat oder wenn er Schwierigkeiten hat, dem Unterricht zu folgen. Gerade die persönliche Betreuung von einzelnen Schülern (inklusive von deren Eltern) darf zeitlich nicht unterschätzt werden.

LEHRPLAN

Es ist schlicht Tatsache, dass lediglich die Lehrkräfte die Lehrpläne kennen und sich Schüler und Eltern darauf verlassen müssen, dass die Inhalte der Lehrpläne bestmöglich an die Schüler weitergegeben werden. Dies setzt Vertrauen voraus. Kein Schüler möchte in der Abiturprüfung sitzen und Aufgaben bearbeiten müssen, die er nicht lösen kann, da ihm das theoretische Wissen dazu nicht vermittelt wurde. Indem vorab im Lehrplan festgelegt wird, welche Lerninhalte und Lernziele in den jeweiligen Unterrichtsfächern vermittelt werden müssen, wird genau diese Situation verhindert. Die Lehrpläne sind offen formuliert, das heißt, die Themen und Ziele sind aufgeführt, für die Umsetzung ist allerdings die Lehrkraft zuständig. Im Rahmen ihrer pädagogischen Freiheit darf sie den Unterricht eigenverantwortlich gestalten und ihre Unterrichtsmethoden selbstständig auswählen. Wichtig ist nur, dass am Ende des Schuljahres die Inhalte des Lehrplans und die der gehaltenen Unterrichtsstunden übereinstimmen.

PRAXISHINWEIS

Eine Übersicht der Lehrpläne für die jeweiligen Bundesländer ist auf der Webseite der Kultusministerkonferenz abgebildet: https://www.kmk.org/dokumentation-statistik/rechtsvorschriften-lehrplaene/uebersicht-lehrplaene.html

LERNMITTELFREIHEIT

Meist erhalten Eltern zum Schuljahresbeginn (oder vorher schon) eine Liste mit Materialien und Gegenständen, die sie für ihre Kinder und deren Teilnahme am Unterricht anschaffen sollen. Diese Aufstellungen sind manchmal relativ üppig gehalten, sodass sich ein genauer Blick darauf lohnt. Es ist in diesem Zusammenhang zu beachten, dass die öffentlichen Schulen an die sogenannte »Lernmittelfreiheit« gebunden sind. Mit der Lernmittelfreiheit ist gemeint, dass die Schulen die erforderlichen Materialien, insbesondere die Schulbücher, den Schülern zur Verfügung stellen müssen. Durch die Lernmittelfreiheit wird gewährleistet, dass die Schüler Zugang zu den für den Unterricht notwendigen Lernmitteln erhalten und der schulische Erfolg eines Kindes nicht von den finanziellen Möglichkeiten seiner Eltern abhängig ist.

In den Schulgesetzen der Bundesländer wird die Lernmittelfreiheit konkretisiert. Wie genau die Lernmittelfreiheit in den einzelnen Bundesländern gestaltet ist und welche Lernmaterialien hierunter fallen, ist jedoch sehr unterschiedlich. Zudem werden Lernmittel den Schülern nicht in jedem Fall kostenlos überlassen. Hier eine kurze Gegenüberstellung:

- In **Baden-Württemberg** müssen zum Beispiel alle schulischen Lernmittel den Schülern kostenlos zur Verfügung gestellt werden. Als Lernmittel sind dabei alle Sachen und Gegenstände anzusehen, die von den Schülern im schulischen Alltag zum Lernen verwendet werden. Hierzu zählen unter anderem Lehrbücher, Romane, Arbeitshefte oder auch Taschenrechner. Die Schüler können die Lernmittel unentgeltlich leihen und müssen sie am Ende des Schuljahres zurückgeben. Nur Lernmittel, die aufgrund ihrer Beschaffenheit nicht unbenutzt abgegeben werden können (z. B. beschriftete Arbeitshefte), können von den Schülern behalten werden. Eine Kaution oder ein geringes Entgelt für die Überlassung darf die Schule nicht verlangen. Von der grundsätzlichen Lernmittelfreiheit gibt es jedoch Ausnahmen. Beispielsweise gilt sie nicht für Gegenstände, die der Schüler nicht zwingend in der Schule benötigt, die dennoch aber »praktisch« sind. Es werden also keine Schulranzen oder die Sportkleidung von der Schule gestellt. Auch Materialien, die einen geringen Wert aufweisen, müssen von den Eltern selbst beschafft werden. Das sind beispielsweise Stifte, Farbkästen, Papier, Hefte oder auch Ordner. Da die Ausstattung aller Schüler mit *sämtlichen* Gegenständen und Sachen, die typischerweise für die Schule benötigt werden und sinnvoll sind, einen enormen Kostenbeitrag bedeuten würde, der im Endeffekt den Steuerzahler trifft, wird die Lernmittelfreiheit aus Kostengründen etwas eingeschränkt. Im Übrigen steht es Eltern in der Praxis frei, ob sie von der Lernmittelfreiheit und der leihweisen Überlassung durch die Schule Gebrauch machen. Eltern entscheiden daher selbst, inwieweit sie die Materialien kostenlos und leihweise erhalten möchten oder käuflich erwerben.

- In **Bayern** wird die Lernmittelfreiheit etwas zurückhaltender gehandhabt. Schülern werden lediglich Schulbücher und schulbuchersetzende digitale Medien unentgeltlich überlassen. Die Eltern müssen die Kosten für Erdkundeatlanten, Formelsammlungen, Arbeitshefte, Lektüren, Arbeitsblätter, Schreib- und Zeichengeräte oder Taschenrechner selbst tragen. Für die regelmäßig anfallenden Kopien der Schule wird beispielsweise ein Kopiergeld erhoben.

- Die Schüler in **Berlin** erhalten bis einschließlich der sechsten Klassenstufe alle Lernmittel – Schulbücher, Arbeitsblätter, Atlanten, Formelsammlungen etc. – kostenlos von der Schule und müssen diese am Ende des Schuljahres zurückgeben, soweit dies praktisch möglich ist. Ab der siebten Klassenstufe müssen sich die Eltern mit einem Eigenanteil in Höhe von maximal 100,00 Euro an den Lernmitteln beteiligen. Die Eltern bekommen vor dem Beginn eines Schuljahres eine Liste von der Schule mit Materialien, die benötigt werden, wobei der Wert bei höchstens 100,00 Euro liegen darf. Diese Bücher und Gegenstände beschaffen dann die Eltern selbst für ihr Kind.

- In **Niedersachsen** können Eltern die Lernmittel – mit Ausnahme von Lektüreheften, Literatur und Atlanten – gegen die Zahlung einer Gebühr ausleihen. Eine völlige Kostenfreiheit besteht auch hier folglich nicht. Die Eltern sparen zwar etwas Geld, da sie die Materialien nicht neu kaufen müssen, dennoch sind die hiesigen Regelungen im Vergleich zu den Vorgaben anderer Bundesländer für Eltern deutlich nachteiliger.

Der eine oder andere findige Leser (oder die findige Leserin) könnte nun auf den Gedanken kommen, dass ebenfalls außerunterrichtliche Veranstaltungen (also Klassenfahrten, Ausflüge oder Wandertage) unter die Lernmittelfreiheit fallen könnten und folglich von der Schule finanziert werden müssen. Dem ist jedoch nicht so. Es wird allein die Unentgeltlichkeit des Unterrichts und der für den Unterricht benötigten Materialien garantiert. Die Kosten für außerunterrichtliche Veranstaltungen müssen daher von den Eltern übernommen werden.

PRAXISHINWEIS

Lehrkräfte dürfen Eltern nicht den Erwerb bestimmter Produkte (z. B. Zirkel oder Stifte einer speziellen Marke) vorschreiben. Wenn Lernmittel mehrerer Firmen grundsätzlich geeignet sind, ist Eltern die Wahl zu lassen, welches Produkt sie für ihr Kind besorgen. In diesem Zusammenhang sind Lehrkräfte zudem angehalten, sich neutral über die Produkte zu äußern und nicht als Werbeträger für bestimmte Hersteller zu agieren. Ehrliche und persönliche Einschätzungen dürfen selbstverständlich weitergegeben werden, es sollte allerdings jede Lehrkraft eine gewisse Zurückhaltung beim Meinungsaustausch bewahren.

LERNSTANDSERHEBUNGEN

In regelmäßigen zeitlichen Abständen werden an den Schulen Lernstandserhebungen durchgeführt. Diese Erhebungen werden oftmals als vergebene Zeit oder als pädagogisch wenig wertvoll eingestuft, sie sind jedoch erforderlich, um die Qualität des Unterrichts zu prüfen und die Bildungsstandards weiterzuentwickeln. Die einzelnen Bundesländer entscheiden maßgeblich selbst, ob und in welchen Klassenstufen sie die Lernstände von Schülern abfragen. Die einzige bundesweite Lernstandserhebung ist die VERA (VERgleichsArbeiten), die in der dritten und achten Klasse stattfindet. Es werden hierbei die Lernstände der Schüler in Bezug auf die Bildungsstandards in den Fächern Deutsch und Mathematik sowie in der achten Klassenstufe zusätzlich in Englisch und Französisch ermittelt. Die Schulen erhalten zu den festgelegten Terminen die Aufgabenstellungen für ihre jeweiligen Klassenstufen. Die Lehrkräfte werten die Klausuren der Schüler nach der Abgabe aus und geben die Ergebnisse dann in anonymer Form weiter. Nach Abschluss der Testperiode erfolgt eine Analyse aller Ergebnisse, die den Schulen zur Verfügung gestellt wird. Die Lehrkräfte erhalten dadurch einen Überblick, wie erfolgreich ihre Schüler an den Vergleichsarbeiten teilgenommen haben, und können ein Fazit ziehen, wie sie ihren Unterricht für die Zukunft (noch) besser gestalten können. Die Ergebnisse, welche die Schüler in der Lernstandserhebung erzielen, werden nicht als reguläre Noten gewertet, die in das Zeugnis einfließen. Sie dienen nur der eigenen Kontrolle des Schülers und seiner Lehrkraft.

LESE- UND RECHTSCHREIBSTÖRUNG

Wenn ein Kind an einer Lese- und Rechtschreibstörung (LRS) leidet und aus diesem Grund mit lang anhaltenden Schwierigkeiten zu kämpfen hat, können seine damit verbundenen Schwächen nicht nur durch einen Nachteilsausgleich (siehe Abschnitt »Nachteilsausgleich und Notenschutz«, S. 131) abgemildert werden, sondern es kann ebenso ein sogenannter Notenschutz erfolgen.

Beim Nachteilsausgleich erhält der Schüler zur Bewältigung einer Leistungsfeststellung zusätzliche Hilfen (beispielsweise einen Computer oder eine längere Bearbeitungszeit), er muss allerdings dieselbe Klausur wie seine Mitschüler schreiben.

Beim Notenschutz werden dem Schüler im Vergleich zum Nachteilsausgleich keine zusätzlichen Hilfsmittel in einer Prüfung zur Verfügung gestellt, sondern es wird das Anforderungsprofil der jeweiligen Prüfung gesenkt. Der Schüler bearbeitet dann andere Aufgaben als seine Mitschüler oder seine Lese- oder Rechtschreibleistungen werden mit einem abweichenden Maßstab bewertet. Maßnahmen des Notenschutzes und des Nachteilsausgleiches können kombiniert werden.

PRAXISHINWEIS

Zur Entlastung des Schülers können bei einer Lese- und Rechtschreibstörung mehrere Optionen ergriffen werden:

Es können zum einen die Lese- oder Rechtschreibleistungen im Fach Deutsch, in den Fremdsprachen und den anderen Unterrichtsfächern zurückhaltend bewertet werden. Beispielsweise kann eine Lehrkraft generell und grundsätzlich auch in anderen Fächern als Deutsch und den Fremdsprachen einen Notenabzug vornehmen, wenn der Schüler viele Rechtschreibfehler macht (siehe Abschnitt »Rechtschreibung«, S. 150). Darauf würde bei einem Schüler mit einer Lese- und Rechtschreibstörung verzichtet werden. Daneben kann die Lehrkraft auch andere, für den Schüler besser geeignete Aufgaben auswählen, bei denen es mehr auf die fachlichen Inhalte als auf die Schreibleistung ankommt. Aufgaben, die vorrangig die Rechtschreibleistungen abprüfen, könnten also größtenteils vermieden werden.

Teilweise sind Notenschutzmaßnahmen ab bestimmten Klassenstufen, beispielsweise den Abschlussklassen oder in der Oberstufe, nicht mehr zulässig. Zu beachten ist auch, dass Notenschutzmaßnahmen immer im Zeugnis vermerkt werden. Dies erfolgt durch den simplen Hinweis, dass Notenschutzmaßnahmen ergriffen worden sind. Nicht erwähnt wird dort jedoch die zugrunde liegende Beeinträchtigung des Schülers, welche die Notenschutzmaßnahmen ausgelöst hat. Krankheitsbilder oder Diagnosen werden also nicht im Zeugnis genannt.

MEDIKAMENTE

Manchmal sind Schüler zeitweilig oder chronisch krank und müssen regelmäßig bestimmte Medikamente einnehmen. Wenn die Kinder noch relativ jung sind, sind sie meist noch nicht selbst in der Lage, ihre Medikamente kontinuierlich einzunehmen. Da sich die Schüler tagsüber in der Schule aufhalten, stellt sich dann die Frage, ob in der Schule eine Lehrkraft zur Abgabe des Medikaments verpflichtet werden kann und welche Umstände hierbei zu berücksichtigen sind.

Dem Schulverhältnis liegt zwar der Bildungs- und Erziehungsauftrag zugrunde, er schließt aber nicht die Medikation von Schülern mit ein. Dies gilt insbesondere vor dem Hintergrund, dass Lehrkräfte keine Ärzte oder sonstiges medizinisches Fachpersonal sind und ihnen schlichtweg medizinische Kenntnisse fehlen. Es ist daher nicht eine vorrangige Aufgabe der Lehrkräfte, entweder selbst Medikamente an Schüler zu verabreichen oder Schüler diesbezüglich zu kontrollieren.

Lediglich im Einzelfall, falls ein Schüler zwingend tagsüber ein Medikament einnehmen muss und die Verabreichung für die Lehrkraft zumutbar ist, kann eine Medikamentenabgabe in der Schule praktiziert werden. Hierzu müssen die Eltern schriftlich ihre Einwilligung erklären. Von der einzelnen Lehrkraft kann nur verlangt werden, dass sie »laienfreundliche« Medikamente (z. B. Tabletten, Tropfen) verabreicht. Medizinische Medikamentenzufuhr (Spritzen, Injektionen etc.) kann sie verweigern.

Bei Diabetes-Erkrankungen von Schülern empfiehlt sich eine intensive vorherige Abstimmung zwischen Schule und Eltern, insbesondere, damit Lehrkräfte in der Lage sind, eine mögliche (lebensgefährliche) Unterzuckerung der Schüler zu erkennen.

PRAXISHINWEIS

Im Notfall muss trotzdem jede Lehrkraft – soweit erforderlich und zumutbar – Erste Hilfe leisten. Wenn die Lehrkraft Erste-Hilfe-Leistungen ohne sachlichen Grund verweigert, könnte gegen sie sogar strafrechtlich ermittelt werden (wegen unterlassener Hilfeleistung gemäß § 323c StGB).

MITWIRKUNGSRECHTE VON ELTERN

Die Zusammenarbeit von Schule und Eltern erfolgt in vielen unterschiedlichen Formen. Sie ist bedingt durch die gemeinsame Verantwortung für die Erziehung und Bildung der Kinder und fordert ein vertrauensvolles Miteinander. Die gegenseitige Unterstützung von Schule und Eltern ist für den Erfolg dieser Erziehungsgemeinschaft überaus wichtig. Deswegen stehen Elternteile im regelmäßigen Austausch mit den Lehrkräften und vielleicht auch der Schulleitung ihres Kindes. Zum anderen haben sie Mitwirkungsrechte, die sie im

Verbund mit anderen Eltern wahrnehmen können. Hierzu zählt die Beteiligung in den verschiedenen Gremien der Schule.

Die Mitwirkung von Eltern erfolgt über zwei Wege. Auf der untersten Ebene der schulischen Organisation werden für jede Klasse Klassenelternversammlungen (in Baden-Württemberg wird von »Klassenpflegschaften« gesprochen) veranstaltet, bei denen Klassenelternvertreter gewählt werden. Im Rahmen dieser Elternabende werden die für die jeweilige Klasse relevanten Themen behandelt. Zu geeigneten Tagespunkten dürfen auch der Klassensprecher und sein Stellvertreter eingeladen werden. Zudem gibt es an jeder Schule einen sogenannten Elternbeirat, der sich aus den Klassenelternvertretern und ihren Stellvertretern zusammensetzt und alle Eltern einer Schule vertritt. Bei den Sitzungen des Elternbeirates werden keine klassenspezifischen Themen behandelt, sondern die Belange der Eltern jeglicher Klassenstufen in den Blick genommen. Der Elternbeirat wählt wiederum einen Elternbeiratsvorsitzenden und seinen Stellvertreter.

Mögliche Anknüpfungspunkte für eine Sitzung des Elternbeirats wären insbesondere:

- die Förderung der Mitwirkung der Eltern am Schulalltag
- Wünsche und Anregungen aus Elternkreisen, die über den Einzelfall hinaus von allgemeiner Bedeutung sind
- Belange der Schule beim Schulträger, bei der Schulaufsichtsbehörde und in der Öffentlichkeit
- die Mitwirkung an der Beseitigung von Störungen der Schularbeit
- die Unterstützung von Maßnahmen auf dem Gebiet des Jugendschutzes, soweit sie das Schulleben betreffen

Über dem Elternbeirat einer Schule steht der Gesamtelternbeirat. Dieser setzt sich zusammen aus den Vorsitzenden und je einem Stellvertreter der Elternbeiräte aller Schulen eines Schulträgers. Er befasst sich mit Belangen, die über die Interessen einer einzelnen Schule hinausgehen. Daneben ist mehrheitlich ein Landeselternbeirat (die Bezeichnung variiert in den Bundesländern) eingerichtet, der das jeweilige Bildungsministerium berät.

MOBBING

Ab und an kommt es im Schulalltag zu Mobbing-Situationen, die den betroffenen Schülern stark zusetzen und sie zunehmend belasten. Unter Mobbing wird vorwiegend psychische Gewalt verstanden, bei der der Betroffene wiederholt schikaniert, gequält oder verletzt wird. Unglücklicherweise findet Mobbing in der heutigen Zeit nicht nur in der Schule selbst in Form von persönlichen Kontakten statt, sondern vermehrt zu Hause über den privaten Internetanschluss vom Computer oder vom Smartphone aus. Das Stichwort lautet in diesem Zusammenhang »Cyber-Mobbing«. Der betroffene Schüler wird beim Cyber-Mobbing in E-Mails, Chats, auf Webseiten, in Foren oder in sozialen Medien beleidigt oder auf andere Weise gedemütigt. Während in der Schule Lehrkräfte direkt auf die Schüler zugehen können, wenn sie Mobbing-Situationen erkennen, gestaltet sich die Vorgehensweise bei Mobbing im außerschulischen Bereich deutlich schwieriger. Es fällt auch häufig nicht gleich auf, dass Schüler schikaniert werden, da sie sich oftmals nicht gleich an ihre Eltern oder Lehrkräfte wenden.

Betroffene Kinder sollten dazu animiert werden, sich ihren Eltern, Mitmenschen und Lehrkräften anzuvertrauen. Neben speziell für solche Konfliktlagen ausgebildeten Vertrauenslehrkräften stehen Schülern, Eltern und Lehrkräften auch Schulpsychologen zur Verfügung. Diese sind nicht einer Schule zugeordnet, sondern arbeiten weitgehend in schulpsychologischen Beratungsstellen der Bundesländer und könnten kontaktiert werden (siehe Abschnitt, »Schulpsychologische Beratungsstellen«, S. 169f.). Die Schulpsychologen beraten vertraulich und helfen bei jeder Art von schulischen Problemen.

> **PRAXISHINWEIS**
>
> Falls das Mobbing von einem bestimmten Mitschüler ausgeht, der gegebenenfalls sogar derselben Klasse angehört, besteht durch die Schulgesetze teilweise die Möglichkeit, dass der Mitschüler in Form einer schulischen Ordnungsmaßnahme in die Parallelklasse versetzt wird (siehe Abschnitt »Erziehungs- und Ordnungsmaßnahmen«, S. 75ff.). Das hätte für den betroffenen Schüler den Vorteil, dass er aus der unmittelbaren Reichweite des Mitschülers gerät.
>
> Oft wünschen sich Eltern einen darüber hinausgehenden Schulverweis des »Täters«. Um hierüber eine Entscheidung treffen zu können, müsste man jedoch den konkreten Sachverhalt in den Blick nehmen. Insbesondere müsste geprüft werden, inwiefern der Mitschüler bisher schon auffällig war. Da ein Schulverweis die Ultima Ratio darstellt, müssten seine Handlungen und Motive so schwer wiegen, dass ein Verbleib an der Schule keinesfalls mehr zu rechtfertigen ist.

NACHSCHREIBEN EINER SCHRIFTLICHEN LEISTUNGSERHEBUNG

Sicher erinnern Sie sich noch an Ihre eigene Schulzeit zurück, als Sie einmal einen Test nachschreiben mussten. Hier gab es meist folgende Szenarien: Entweder war die Klausur, die man für den Nachschreibetermin erhielt, viel schwieriger als die Ausgangsklausur, oder man durfte deutlich angenehmere Aufgabenstellungen bearbeiten. Die ganz Glücklichen durften sich sogar über die exakt gleiche Klausur freuen, insbesondere, wenn sie sich vorher noch bei ihren Mitschülern nach dem Inhalt der Prüfung erkundigt hatten.

Falls ein Schüler – beispielsweise aufgrund von Krankheit oder einer Beurlaubung – an einer Klausur nicht teilnehmen kann, bietet es sich an, einen Nachschreibetermin durchzuführen, damit auch von diesem Schüler eine Leistung eingeholt werden kann. Die Entscheidung hierüber trifft die Lehrkraft. Es kann auch sein, dass gerade am Ende des Schuljahres auf einen Nachschreibetermin verzichtet wird, wenn der Lehrkraft bereits ausreichend viele Noten des Schülers vorliegen.

Im Sinne der Chancengleichheit ist es geboten, dem nachschreibenden Schüler eine vergleichbare Klausur zu stellen, die ein ähnliches Anforderungsniveau wie die Originalarbeit aufweist. Weder sollte die Prüfung die gleichen Aufgaben beinhalten (welcher Schüler erkundigt sich nicht vorab bei seinen Mitschülern?) noch sollten die Fragen zu leicht oder zu schwer sein. Die Thematik, die behandelt wird, sowie der Schwierigkeitsgrad und die Arbeitsbedingungen müssen gleichartig sein. Zudem sollte der Schüler die Klausur nicht während einer laufenden Unterrichtsstunde nachschreiben müssen. Zum einen bekommt er dann überhaupt nichts von dem in der Unterrichtsstunde behandelten Unterrichtsstoff mit (und muss diesen wiederum nachholen), zum anderen fällt es ihm sicher schwer, sich zu konzentrieren, wenn die Lehrkraft oder seine Mitschüler die ganze Zeit laut reden.

NACHTEILSAUSGLEICH UND NOTENSCHUTZ

Der Grundsatz der Chancengleichheit sieht vor, dass allen Kindern die gleichen Bedingungen beim Schulbesuch zur Verfügung stehen. Sollte ein Kind aufgrund körperlicher oder geistiger Beeinträchtigungen im Schulalltag – und insbesondere bei den schulischen Leistungsfeststellungen – eingeschränkt sein, können diese Nachteile in einem bestimmten Umfang durch einen sogenannten »Nachteilsausgleich« abgefedert werden. Zu den Beeinträchtigungen zählen beispielsweise körperliche Verletzungen (gebrochener Arm, verstauchter Fuß etc.), Legasthenie, die Autismus-Spektrum-Störung oder auch die Aufmerksamkeitsdefizit-/Hyperaktivitätsstörung (ADHS). Wenn sich ein Schüler beispielsweise eine Sehnenscheidenentzündung an seiner Schreibhand zugezogen hat, dann hat er in der Klausursituation im Vergleich zu seinen Mitschülern einen deutlichen Nachteil, da er die Klausur nicht so schnell zu Papier bringen kann.

Durch Nachteilsausgleichsmaßnahmen wird nicht das Anforderungsprofil verändert, das die Schüler zu erfüllen haben. In der Klausur müssen die Schüler immer noch dieselben Aufgaben wie ihre Klassenkameraden bearbeiten. Der Sinn und Zweck der Nachteilsausgleichsmaßnahmen ist es, den Schülern zusätzliche Hilfen für die Bearbeitung zur Verfügung zu stellen. Hierbei kommt eine Vielzahl von Maßnahmen in Betracht. Zum Beispiel könnte ein Schüler mehr Zeit haben (zehn Minuten mehr Schreibzeit) oder zusätzliche Schreibpausen erhalten. Bei körperlichen Verletzungen könnte der Schüler einen Computer erhalten. Wenn es sich um geistige Beeinträchtigungen handelt, könnte es dem Schüler guttun, die Arbeit in einem gesonderten Raum anzufertigen, wo er seine Ruhe hat. Im Falle des Schülers mit der Sehnenscheidenentzündung müsste dieser also die gleiche Klausur schreiben wie seine Mitschüler. Ihm könnten aber Schreibpausen gewährt oder ein Laptop zur Verfügung gestellt werden, damit er die Klausur besser niederschreiben kann.

Um einen Nachteilsausgleich zu erhalten, ist es in der Regel notwendig, dass die Eltern ein ärztliches Attest bei der Schule einreichen, aus dem die jeweilige Beeinträchtigung und insbesondere deren Ausmaß hervorgeht. Die Schule muss anhand dieses Attestes beurteilen können, ob die Einschränkung fachgebunden ist (z. B. gebrochenes Bein im Sportunterricht) oder generell für alle Unterrichtsfächer gilt. Der Arzt, der das Attest ausstellt, kann bereits Vorschläge für Nachteilsausgleichsmaßnahmen im Attest erteilen. Die endgültige Entscheidung trifft jedoch die Schule. Wichtig zu wissen: Ein gewährter Nachteilsausgleich wird nicht im Zeugnis vermerkt.

Durch die Nachteilsausgleichsmaßnahmen sollen die betroffenen Schüler die Chance erhalten, trotz physischer oder kognitiver Einschränkungen erfolgreich an den Leistungsfeststellungen teilzunehmen. Diese Maßnahmen sind bei dauerhaften Erkrankungen natürlich nicht ausreichend. Sollten Therapie- oder Fördermöglichkeiten vorhanden sein und deren Durchführung für Eltern und den

Schüler zumutbar sein, müssen diese auch in Anspruch genommen werden. Man kann sie in diesem Fall nicht einfach sein lassen. Da Nachteilsausgleichsmaßnahmen befristet gewährt werden, kann es sonst (im Extremfall) dazu kommen, dass sie von der Schule nicht mehr verlängert werden.

PRAXISHINWEIS

Wenn Ihnen bekannt wird, dass Ihr Kind an einer Beeinträchtigung leidet, die es bei schulischen Leistungsfeststellungen behindern, stellen Sie Ihr Kind bei einem Arzt vor und bitten um ein Attest. Das Attest sollte in diesem Zusammenhang möglichst klar und konkret die Benachteiligungen beschreiben. Das Attest leiten Sie nun an die Schule weiter und bitten um eine Nachteilsausgleichsmaßnahme. Die Schule wird Sie und Ihr Kind dann zu einem Gespräch einladen, um mögliche Maßnahmen und die weitere Vorgehensweise abzuklären.

Beim Notenschutz wird im Gegensatz zum Nachteilsausgleich das Anforderungsprofil der jeweiligen Prüfung gesenkt. Es werden vom Schüler andere Aufgabenstellungen bearbeitet. Beispielsweise werden bestimmte Aufgaben gänzlich gestrichen oder verändert. Alternativ kann der Schüler die gleichen Aufgaben bearbeiten müssen, welche allerdings von der Lehrkraft mit einem anderen (besseren) Maßstab bewertet werden. Im Zeugnis wird vermerkt, dass die Zeugnisnote infolge Maßnahmen des Notenschutzes erzielt wurde.

NOTEN

Wenn das eigene Kind am Nachmittag von der Schule nach Hause kommt und kommentarlos an einem vorbei ins Kinderzimmer läuft, dann ist jedem Elternteil klar: Da ist irgendetwas im Busch.

Wenn man dann noch wusste, dass an diesem Tag die Matheklausur zurückgegeben werden sollte, muss man kein Hellseher sein, um zu wissen, was die Ursache für die schlechte Laune des Kindes ist. Die Mathenote ist dann wohl eher nicht so prickelnd ausgefallen …

Eine zentrale Rolle für Eltern und Schüler spielen die Schulnoten, mithilfe derer die Leistungen der Schüler in den verschiedenen Unterrichtsfächern bewertet werden. Es gibt wohl kaum ein Thema in der Schule, bei dem es zu mehr Streitigkeiten zwischen Schülern, Eltern und Lehrkräften kommt. Häufig werden Noten angezweifelt; sei es, weil die Note (angeblich) nicht ordnungsgemäß zustande gekommen ist oder die Einschätzung der Lehrkraft nicht geteilt wird. Die Relevanz der Noten für den Schüler und dessen weitere schulische Laufbahn – oder nach Schulabschluss seine berufliche Karriere – ist Lehrkräften, Schulleitungen und Eltern dabei nur allzu bewusst. Sind die Noten zu schlecht, wird der Schüler nicht in die nächsthöhere Klassenstufe versetzt. Der Schüler kann zwar die Klasse wiederholen, »verliert« jedoch ein Schuljahr. Wenn auch im nächsten Anlauf keine Versetzung erfolgen kann, muss er die Schule sogar verlassen. Der anvisierte Schulabschluss bleibt dann aus.

Aber nicht nur auf den Schulabschluss, also das »Ob«, kommt es an. Vielmehr sind auch die erreichten Noten, das »Wie«, überaus wichtig. Der Zugang zu den meisten Studiengängen in Deutschland setzt einen bestimmten Notendurchschnitt voraus. Falls dieser nicht erreicht wird, heißt es entweder, sich vom gewünschten Studiengang zu verabschieden, oder mehrere Wartesemester in Kauf zu nehmen. Auch für beliebte Ausbildungsgänge bedarf es guter Noten. Die in der Schule erzielten Noten bilden den Grundstein für den weiteren beruflichen Lebensweg – egal ob ein Studium oder eine Ausbildung angestrebt wird. Dass Noten korrekt zustande kommen (und auch im Ernstfall überprüft werden können), ist daher von elementarer Bedeutung.

DIE ROLLE DER NOTEN IM SCHULWESEN

In der Schule werden Noten aus verschiedenen Gründen vergeben: Anhand der Noten werden die Leistungen der Schüler innerhalb der Klasse (oder des Kurses) eingeordnet und können somit miteinander verglichen werden. Die Leistungen der Schüler werden dabei mit den Notenstufen »sehr gut (1)«, »gut (2)«, »befriedigend (3)«, »ausreichend (4)«, »mangelhaft (5)« und »ungenügend (6)« bewertet.

Durch die Angabe der Noten auf den Abschlusszeugnissen ergibt sich zudem eine Rangfolge der Schüler, wodurch wiederum Ausbildungsbetriebe und Hochschulen für die Zulassung zu ihren Ausbildungs- und Studiengängen eine Auswahl vornehmen können, beispielsweise mithilfe des Numerus clausus (NC).

Daneben – und dies ist überaus wichtig für den weiteren schulischen Weg der Schüler – wird für die Schüler und ihre Eltern eine Selbsteinschätzung ermöglicht, wo der Lernstand im Vergleich zu den Mitschülern eingeordnet werden kann und wo gegebenenfalls Verbesserungsbedarf besteht.

WELCHE LEISTUNGEN DES SCHÜLERS WERDEN BERÜCKSICHTIGT?

Die Zeugnisnote basiert auf den Leistungen des Schülers, die dieser im jeweiligen Fach während des gesamten Schuljahres erbracht hat. Allein die im Unterricht erzielten Noten bilden dabei die Grundlage für die Zeugnisnote. Auch wenn der Schüler in vielen Arbeitsgemeinschaften und bei außerunterrichtlichen Veranstaltungen erfolgreich mitgewirkt hat, fließt dieses Engagement nicht in die Notengebung ein. Auch die Tatsache, dass sich der Schüler ab und an mal danebenbenommen hat, spielt für die Endjahresnote keine Rolle. Wenn beispielsweise die kleine Sophia ständig den Unterricht stört und ihre Mitschüler ablenkt, dafür aber in den Klausuren stets gute Leistungen erzielt, dürfen diese Noten nicht einfach nach unten korrigiert werden. Es können in solchen Fällen lediglich Erziehungs- und Ordnungsmaßnahmen verhängt werden. Der Schüler soll jedoch nicht dadurch bestraft werden, indem man ihm eine schlechtere Note gibt. Für jeden Schüler gelten zudem die gleichen Maßstäbe. Persönliche Umstände des Schülers (z. B. Tod eines Großelternteils, Trennung der Eltern) oder enge, freundschaftliche Beziehungen zur Lehrkraft sind für die Notenermittlung schlichtweg unerheblich. Indem sich Lehrkräfte an den Leistungen der Schüler orientieren, wird der Grundsatz der Chancengleichheit verwirklicht, der nur in Einzelfällen durchbrochen wird, zum Beispiel beim Nachteilsausgleich (siehe Abschnitt »Nachteilsausgleich und Notenschutz«, S. 131).

WAS DARF DENN EIGENTLICH ABGEFRAGT WERDEN UND WANN?

»Was kommt denn nächste Woche in der Klausur dran?« Eine berechtigte Frage für Schüler und Eltern ist jene, was denn eigentlich mittels Klausuren, Klassenarbeiten oder Tests abgefragt werden kann. Die Grundlage der Leistungsfeststellungen, die in der Klasse durchgeführt werden, ist der Lehrplan des Unterrichtsfaches für die jeweilige Klassenstufe (siehe Abschnitt »Lehrplan«, S. 119f.). Daraus ergibt sich, welche Themen die Lehrkraft im Schuljahr den Schülern vermitteln muss. Die Lehrkraft darf sich also keine Inhalte ausdenken, sondern diese müssen sich im Lehrplan wiederfinden. Natürlich wird nicht über jeden Bereich auch eine Klausur geschrieben. Die in den Prüfungen gestellten Fragen müssen allerdings vorher im Unterricht besprochen worden sein, ehe sie abgefragt werden. Nicht zulässig wäre es beispielsweise, wenn die Lehrkraft den Schülern aufgibt, sich einen bestimmten Abschnitt im Lehrbuch selbst zu erarbeiten, und dieser dann ohne Rückfragemöglichkeit in Form einer Klausur abgefragt wird.

TRANSPARENZ IST ALLES

Zu den Leistungen, die der Schüler im Laufe des Schuljahres erbringt, zählen schriftliche, mündliche und praktische Arbeiten. Zum Schuljahresbeginn kündigt die Lehrkraft den Schülern an, wie sie die verschiedenen Leistungen bei der Notenbildung gewichten wird (z. B. 2/3 schriftliche und 1/3 mündliche und praktische Leistungen). Wenn also beispielsweise Nico in der 6. Klasse insgesamt vier schriftliche Leistungskontrollen angefertigt hat und bei diesen im Durchschnitt die Note 3 ermittelt wird, er in den mündlichen Leistungen allerdings die Note 2 erhält, dann wird am Schuljahresende ein rechnerischer Notendurchschnitt von ~2,7 ermittelt. Auch den Eltern werden diese Bewertungsmaßstäbe mitgeteilt. Hierdurch wird sowohl bei den Schülern als auch bei den Eltern die nötige Transparenz erreicht, da ersichtlich wird, in welchem Verhältnis die erzielten Noten zueinander stehen. Aufgrund bestimmter Ereignisse (beispielsweise in den Corona-Schuljahren) kann die Lehrkraft während des Schuljahres diese Gewichtung noch verändern. Auch dann erfolgt eine Mitteilung an die Schüler und Eltern.

STREITTHEMA MÜNDLICHE LEISTUNGEN

Noten für mündliche Leistungen – und die Art und Weise, wie sie zustande kommen – bilden manchmal Anlässe für Streitigkeiten zwischen Schülern und Lehrkräften. Meist ist die Ursache die, dass sich ein Schüler im Vergleich zu seinem Mitschüler ungerecht behandelt fühlt. Zudem ist der Moment, in dem die Leistungen erbracht wurden, nur schwer nachträglich zu rekonstruieren und kann so nur eingeschränkt überprüft werden. Wenn beispielsweise eine Schülerin einen Vortrag über den Ersten Weltkrieg im Geschichtsunterricht gehalten hat, dann wurde der Vortrag nicht aufgezeichnet, sondern die Lehrkraft hat sich lediglich Notizen zum Inhalt und zu der Vortragsweise gemacht. Anhand dieser Bemerkungen kann sie für den Vortrag eine Note erteilen. Wenn die Schülerin mit der Note unzufrieden ist, dann kann die Vortragsnote zwar überprüft werden, aber eben nur auf der Grundlage der Aufzeichnungen der Lehrkraft und des Vorbringens, d.h. der Behauptungen, der Schülerin.

Mündliche Leistungen dürfen im Übrigen nicht mit den sogenannten Kopfnoten (siehe Abschnitt »Kopfnoten«, S. 116) verwechselt werden, die die Häufigkeit der Mitarbeit (und die Motivation) der Schüler bewerten und im Zeugnis gesondert ausgewiesen werden.

Eine Note für eine mündliche Leistung in einem Unterrichtsfach kann zum einen über eine gezielte Abfrage eines Schülers zu einem bestimmten Thema eingeholt werden (beispielsweise, indem jeder Schüler abwechselnd zu Beginn des Unterrichts den Inhalt der letzten Unterrichtsstunde wiedergeben muss). Alternativ kann die Lehrkraft eine Note ermitteln, indem sie die Redebeiträge eines Schülers über einen längeren Zeitraum beobachtet und deren Inhalt dokumentiert. Meist werden im Laufe des Schuljahres die Schüler durch einen kurzen mündlichen Test geprüft oder Referatsthemen vergeben und so mündliche Noten gemacht.

Häufig kommt es vor, dass sich Schüler nicht von sich aus im Unterricht melden und Redebeiträge erbringen. Dies hat meist nichts damit zu tun, dass diese Schüler die Antworten nicht wissen oder keine Lust haben zu sprechen. Oft sind einzelne Schüler schlichtweg introvertiert veranlagt und im Verhältnis zu ihren Mitschülern weniger aktiv im Unterricht. Falls Schüler sich nicht selbstständig melden oder nicht ausreichend im Unterricht durch Redebeiträge mitwirken, auf deren Grundlage eine mündliche Note erteilt werden kann, muss die Lehrkraft auf die Schüler zugehen und diese gezielt befragen. Die Lehrkraft kann es nicht darauf beruhen lassen, dass die Schüler sich nicht melden, sie darf allein aus diesem Grund auch keine schlechten Noten vergeben. Es gibt häufig schüchterne Schüler, die (pädagogisch einfühlsam) zu einer mündlichen Leistung bewegt werden müssen.

WIE WIRD EINE NOTE GEBILDET?

Oftmals ist für Eltern und Schüler bei Leistungsfeststellungen nicht ganz klar, wie die jeweilige Note zustande gekommen ist. Insbesondere trifft dies auf Noten in Unterrichtsfächern zu, die überwiegend von der subjektiven Einschätzung der Lehrkraft geprägt sind. Beispielsweise ist es für außenstehende Personen einfacher nachzuvollziehen, warum eine bestimmte Mathematiknote vergeben worden ist als eine Note für einen Aufsatz im Fach Deutsch. Während es bei der Matheprüfung vorwiegend auf den richtigen Rechenweg und das korrekte Ergebnis ankommt, spielen bei einem Aufsatz diverse Aspekte (Rechtschreibung, Kreativität, Argumentationsvielfalt, Gliederung, Stil etc.) eine Rolle, die zudem auch von verschiedenen Personen unterschiedlich beurteilt werden können. Die Lehrkraft hat daher im Rahmen der Bewertung einen pädagogischen Einschätzungsspielraum, der grundsätzlich nicht übergangen werden darf. Nur weil beispielsweise in der Aufsatz-Konstellation eine andere Lehrkraft eine bessere Note erteilt hätte, ist die Auffassung der Lehrkraft nicht falsch. Lediglich wenn die Lehrkraft rechtliche Vorgaben nicht korrekt angewendet, einen falschen Sachverhalt angenommen, die Bewertung willkürlich vorgenommen oder allgemeine Beurteilungsgrundsätze nicht beachtet hat, wäre die Note rechtswidrig und müsste in der Folge abgeändert werden.

ZWISCHEN ZWEI NOTEN – UND DANN?

Häufig weist ein Schüler am Ende eines Schuljahres einen Notendurchschnitt in einem Unterrichtsfach auf, der sowohl die bessere als auch die schlechtere Zeugnisnote rechtfertigen würde (beispielsweise bei einem Durchschnitt von 2,5). Die Lehrkraft muss sich dann entweder für die Note 2 oder die Note 3 entscheiden. Nun könnte man annehmen, dass die Lehrkraft zur Entscheidung der Note einen Würfel wirft oder eine Runde »Schere-Stein-Papier« spielt. Beide Annahmen treffen natürlich nicht zu. Die Note wird vielmehr im Rahmen einer pädagogisch-fachlichen Gesamtwertung der vom Schüler im Schuljahr erbrachten Leistungen ermittelt. Die Lehrkräfte werden zunächst einen mathematischen Durchschnitt der einzelnen Noten errechnen. Dieser stellt allerdings nicht zwingend auch die endgültige Zeugnisnote dar. Wenn die Lehrkraft der Ansicht ist, dass der Leistungsstand des Schülers nicht deckungsgleich mit der errechneten Note ist, kann sie hiervon abweichen. Ein Schüler, der zum Beispiel eine Durchschnittsnote von 3,6 erreicht hat, kann folglich durchaus auch als Zeugnisnote die Note 3 erhalten, wenn die Lehrkraft diese Note anhand der Leistungen des Schülers rechtfertigen kann. Genauso besteht diese Option in die andere Richtung, sodass auch an einen Schüler mit einem 3,4-Durchschnitt die Endjahresnote 4 vergeben werden kann.

DIE BEKANNTGABE VON NOTEN

Noten dürfen von einer Lehrkraft nicht für alle hörbar bekannt gegeben werden. Es bestehen hierbei datenschutzrechtliche Bedenken, da keine gesetzliche Grundlage für die Preisgabe der Note eines Schülers vor der gesamten Klasse gegeben ist (siehe Abschnitt »Datenschutz«, S. 64ff.). Schüler sollten daher vorher ausdrücklich befragt werden, ob die eigene Note genannt werden darf. Es versteht sich von selbst, dass süffisante Kommentare der Lehrkraft, die den Leistungsstand des Schülers umschreiben, ebenso unterbleiben sollten.

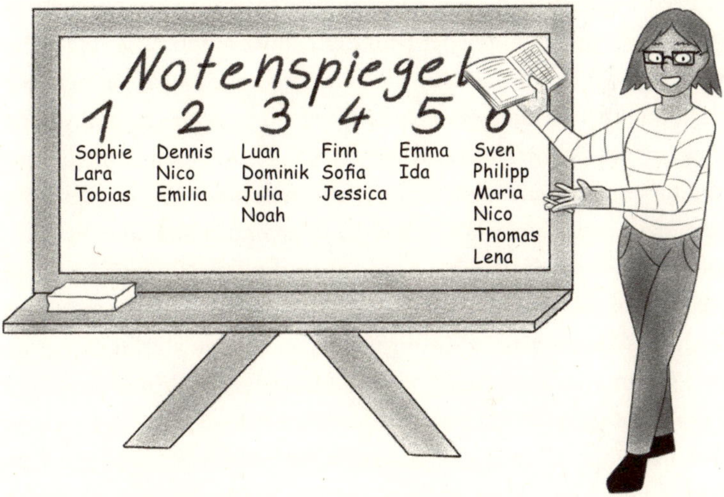

GRUPPENLEISTUNGEN

Falls Schüler im Rahmen von Projekt- oder Teamarbeiten zusammenarbeiten, könnte man meinen, allen Schülern dieser Gruppe stünde auch dieselbe Note zu. Dieses Ergebnis ist zwar praktisch, es überzeugt allerdings rechtlich nicht. Zwar werden die Schüler sicher einige Bereiche gemeinsam bearbeitet haben. Den einzelnen Schülern müssen aber dennoch bestimmte Aufgabenteile zugeordnet werden, um diese bewerten und auch eine individuelle, auf den jeweiligen Schüler angepasste Beurteilung vornehmen zu können. Wenn eine Projektarbeit mündlich präsentiert werden muss, kann schon die Präsentation durch die Schüler verschieden bewertet werden. Die Lehrkraft muss daher bei der Auswahl der Aufgabe darauf achten, dass die Schüler anhand ihrer Leistungen auch einzeln benotet werden können. Wenn Schüler beispielsweise eine Projektarbeit zum Thema »Fußball-Weltmeisterschaft in Katar« anfertigen, dann reicht es aus, wenn jeder Schüler für einen inhaltlichen Gliederungspunkt des Projekts (z. B. Planung des Turniers, Regelwerk, politische Kritik) verantwortlich ist und diesen dann eigenständig präsentiert. So wird verhindert, dass Schüler ungerechtfertigt von den Leistungen ihrer Gruppenmitglieder profitieren oder durch sie benachteiligt werden. Jeder Schüler soll die Note erhalten, die er sich verdient hat.

Manchmal kommt es auch zu einer nicht geplanten »Gruppenarbeit« eines Schülers. Damit meine ich bestimmte Hilfestellungen von außen. Beispielsweise könnten einige Schüler auf die Idee kommen, dass es sinnvoll wäre, wenn die Eltern noch einmal einen Blick auf die Projektarbeit werfen, bevor sie in der Schule abgegeben wird. Oder wenn die Eltern beispielsweise künstlerisch begabt sind, bietet sich ihre Mitarbeit bei Kunstprojekten besonders an. Diese Art der Hilfestellung ist für den Schüler einfach zugänglich und kostenlos. Sicher sind viele Eltern geneigt, der Bitte ihres Kindes nachzukommen und ihm zu helfen, aber sie sollten bedenken, dass dem Kind mehr damit geholfen ist, wenn sie es bei der Bewältigung der Aufgabe unterstützen, als ihm die Aufgabe komplett abzunehmen. Denn das Kind muss dazu herangeführt werden, aufgrund seiner eigenen Leistungen im (schulischen) Leben zu bestehen.

GLEICHE CHANCEN FÜR ALLE

Ein elementarer Grundsatz des Schulwesens ist die Chancengleichheit. Jedem Schüler sollen auf seinem Schulweg die gleichen Voraussetzungen und Bedingungen zukommen. Stellen wir uns hierzu folgende Situation vor: Eine Klasse erhält von ihrer Kunstlehrkraft die Aufgabe, eine Figur aus Pappmaschee zu basteln. Die Schüler haben dafür genau zwei Wochen Zeit, dann soll die Figur mit in den Unterricht gebracht werden, sodass die Lehrkraft sie bewerten kann. Ein Schüler vergisst seine Arbeit jedoch zu Hause und verspricht, sie in der nächsten Unterrichtsstunde, zwei Tage später, mitzubringen. Man könnte in diesem Fall auf die Idee kommen, dass ein oder zwei Tage doch keinen Unterschied ausmachen. Der Schüler reicht seine Bastelei einfach später nach. Gerecht ist diese Vorgehensweise im Hinblick auf die Mitschüler allerdings nicht. Vielleicht ist eine Mitschülerin in enorme Zeitnot geraten und hat ihre Figur noch eilig am Vorabend fertiggestellt, damit sie sie pünktlich abgeben kann. Der Schüler hatte im Gegenzug zwei Tage mehr Zeit, um seine Figur noch zu verschönern und eine bessere Note zu bekommen. Kurzum: Im Sinne der Chancengleichheit und des pädagogischen Einschätzungsspielraums der Lehrkraft steht es ihr frei, für jeden Tag, den die Leistung zu spät abgegeben wurde, einen Notenabzug vorzunehmen. Diese Vorgehensweise muss sie allerdings den Schülern vorab ankündigen, sodass sie sich darauf einstellen und dies bei der Anfertigung berücksichtigen können.

Mit Blick auf die Chancengleichheit sind auch sogenannte »Extrareferate« von Schülern, die oftmals am Ende des Schuljahres vergeben werden, kritisch zu sehen. Die Lehrkraft kann selbstverständlich Schülern die Möglichkeit einräumen, ihre Note dadurch noch zu verbessern, jedoch müssen dann alle Schüler diese Option erhalten. Inwieweit die Schüler dann davon Gebrauch machen, steht ihnen frei.

Nachträgliche Notenkorrektur

Es kann vorkommen, dass eine Lehrkraft nach der Korrektur und Rückgabe von Klausuren an die Schüler feststellt, dass sie (im Einzelfall) eine falsche Note verteilt hat. Dies kann vielfältige Gründe haben: Die Lehrkraft kann sich bei den Punkten verzählt haben oder hat schlichtweg geträumt, als sie die Note hingeschrieben hat. Diese Situation ist natürlich sowohl für die Lehrkraft, die von ihrer mangelnden Sorgfalt genervt ist, als auch für den Schüler, der beispielsweise eigentlich eine schlechtere Note erzielt hat, mehr als ärgerlich.

Wenn die Lehrkraft ihren Fehler selbst erkennt, darf sie durchaus die Note des Schülers im Nachhinein noch ändern. Nur weil der Schüler von seiner guten Note wusste und sich hierüber gefreut hat, bedeutet das nicht, dass diese Note bestehen bleibt.

Anders sieht es aus, wenn seit der Vergabe der Note bereits ein beachtlicher Zeitraum vergangen ist. Sollte das Schuljahr beispielsweise ausgelaufen sein und der Schüler schon sein Zeugnis haben, hat er einen Vertrauensschutz im Hinblick auf seine Noten erlangt. Dieser darf ihm nun nicht mehr genommen werden.

Grundsätzlich kann auch eine Note abgeändert werden, falls ein Schüler den Fehler der Lehrkraft entdeckt hat und sich an diese mit dem Hinweis wendet, dass die Note beispielsweise zu gut sei. Hierbei muss die Lehrkraft im Rahmen ihres pädagogischen Gestaltungsspielraumes berücksichtigen, dass der Schüler selbstständig auf die Lehrkraft zugegangen ist und seine gute Note auch einfach still und heimlich hätte behalten können. Die wenigsten Lehrkräfte werden in dieser Situation dem Schüler, der gegenüber der Lehrkraft so ehrlich war, im Nachhinein die schlechtere Note geben.

NOTENBILDUNG UND KRANKHEITSZEITEN

Es kann durchaus zu der Situation kommen, dass Schüler über eine längere Zeit nicht am Unterricht und an den Leistungsfeststellungen teilnehmen können, weil sie krank sind. Falls die Schüler ordnungsgemäß entschuldigt sind (siehe Abschnitt »Abwesenheitszeiten von Schülern«, S. 40f.), haben sie durch ihre Fehlzeiten grundsätzlich erst einmal keinen Nachteil. Dennoch kann eine längere Krankheitsphase unter Umständen problematisch werden. Die Lehrkräfte müssen

Leistungen der Schüler bewerten, um am Ende des Schuljahres eine Note für das jeweilige Unterrichtsfach vergeben zu können. Das heißt, es müssen für jedes Fach zumindest einzelne Leistungsnachweise vorliegen.

Schwierig wird es, wenn ein Schüler fast ausschließlich abwesend ist. Jede Lehrkraft entscheidet grundsätzlich selbst, ab wann sie eine Note vergeben kann. Als Faustregel wird sie festlegen, dass wenigstens eine schriftliche Leistung erbracht sein muss. Andernfalls hätte die Lehrkraft keinerlei Anknüpfungspunkte, eine sinnvolle (und gerechte) Note auszumachen. Teilweise sehen die Versetzungsordnungen der Bundesländer die Möglichkeit vor, dass die Entscheidung über die Versetzung eines für längere Zeit erkrankten Schülers ausgesetzt werden kann. Der Schüler würde in diesem Fall kein Zeugnis erhalten und müsste zu Beginn des nächsten Schuljahres Leistungen nachholen. Wenn er dann die für die Versetzung erforderlichen Noten erzielt, könnte die Versetzung endgültig erfolgen. Auch hier gilt, dass sich Eltern und Schüler, die betroffen sind, über die genauen Bedingungen an ihrer Schule informieren müssen.

KRANKHEIT UND PRÜFUNGEN

Falls ein Schüler bei einer Leistungskontrolle fehlt, muss er sich rechtzeitig entschuldigen und gegebenenfalls ein ärztliches Attest vorlegen. Unterlässt er dies, verletzt er nicht nur die Schulpflicht, sondern er erhält zusätzlich auf die im Zeitraum seines Fehlens geschriebene Leistungsfeststellung die Note 6. In diesem Fall steht ihm auch kein Nachschreibtermin zu. In manchen Bundesländern gilt diese Regelung ebenfalls für mündliche Leistungen, beispielsweise terminlich festgelegte Referate.

Es ist besonders wichtig, dass Schüler vor einer Prüfung noch einmal in sich gehen und sich fragen, ob sie gesundheitlich wirklich in der Lage sind, an der Prüfung teilzunehmen. Ein Schüler wird beispielsweise nicht an einer mündlichen Abiturprüfung teilnehmen können, wenn er sich am Abend zuvor eine Lebensmittelvergiftung eingefangen hat und sich dann die ganze Zeit übergeben muss. Wenn der Schüler das vor der Prüfung feststellt, sollte er der Lehrkraft unbedingt gleich Bescheid geben. Die Prüfung würde dann abgebrochen und nachgeholt werden. Falls sich der Schüler erst nachträglich zu Wort meldet, kann sein Vorbringen in der Regel nicht mehr berücksichtigt werden. Ansonsten würde dies dazu führen, dass Schüler an Prüfungen teilnehmen und erst einmal abwarten, wie sich die Prüfung entwickelt. Verläuft sie dann aus Sicht der Schüler eher schlecht, würde der Joker der Prüfungsunfähigkeit gezogen werden. Genau dies soll verhindert werden. Lediglich, wenn der Schüler seine Prüfungsunfähigkeit selbst nicht erkennen konnte (z. B. aufgrund von Halluzinationen), könnte die Prüfung nachgeholt werden.

POLITIK UND SCHULE

Der Politik kommt ein entscheidender Einfluss auf die Gestaltung des Schulwesens zu. Sie wirkt mittelbar durch die Vorgabe von Regelungen auf den Schulalltag ein. Es kann auch vorkommen, dass Politiker, wie beispielsweise Abgeordnete des Landtages oder des Bundestages, an schulischen Veranstaltungen (z.B. Podiumsdiskussionen oder Gesprächsrunden) teilnehmen. Diese politische Beteiligung hat für die Schule den Vorteil, dass die Schüler hier Politik in der Praxis erleben und politische Diskussionen direkt mitverfolgen können. Dennoch muss die Schule bei der Einladung von Politikern einige Dinge beachten. Zum einen muss sie alle (verfassungskonformen) Parteien berücksichtigen und darf ihre Auswahl nicht einseitig zugunsten einer bestimmten Partei ausrichten. Daneben sollte unbedingt ein zeitlicher Abstand zu den Wahlterminen (Landtags-, Bundestags- und Europawahl) eingehalten werden. Sinn und Zweck dieser Vorgaben ist es, die Schüler – und indirekt deren Eltern – nicht in eine spezielle Richtung politisch zu beeinflussen und Schule und politische Gesinnungen weitgehend voneinander zu trennen.

PRAXISHINWEIS

Lehrkräfte und Schulleitung sollten ihre politischen Ansichten äußerst vorsichtig gegenüber den Schülern äußern. Zwar kann es durchaus an der einen oder anderen Stelle, beispielsweise im Ethikunterricht, zum Austausch politischer Meinungen kommen. Im Zuge dessen dürfen Lehrkräfte selbstverständlich Schülern mitteilen, welche politischen Standpunkte sie selbst einnehmen oder welche Wahlentscheidung sie getroffen haben. Da die Grenze zwischen erlaubter Diskussion und unzulässiger Beeinflussung allerdings sehr schwammig ist, sollten sich Lehrkräfte eher in Zurückhaltung üben und stets klarstellen, dass es sich bei ihren Ansichten um ihre persönliche Meinung handelt.

PRIVATSCHULEN

Eltern haben das Recht, ihre Kinder entweder an öffentlichen oder an privaten Schulen beschulen zu lassen, sodass ihre Kinder der Schulpflicht nachkommen können. Hier stehen die Eltern vor einer wichtigen Entscheidung, die die weitere schulische Laufbahn ihres Kindes erheblich beeinflussen kann. Es ist daher sehr empfehlenswert, dass sie sich vor einer Schulanmeldung des Kindes mit den verschiedenen privaten schulischen Institutionen und ihren Bildungskonzepten auseinandersetzen und diese mit den Schulprofilen der staatlichen Schulen vergleichen.

Als Privatschulen werden Schulen bezeichnet, die weder vom Bundesland allein noch zusammen mit einer Gemeinde, einem Landkreis, einem Regionalverband oder einem Schulverband getragen werden. Privatschulen werden vielmehr von natürlichen oder juristischen Personen unterhalten wie Privatpersonen, einer GmbH oder einem Verein. Durch die Privatschulen wird die Vielfalt unter den Schulen gefördert sowie ein Unterrichtsangebot geschaffen, das unterschiedliche Bildungsvorstellungen anspricht.

Bei den Privatschulen gibt es eine wichtige Unterscheidung: Es gibt einerseits sogenannte Ersatzschulen und andererseits Ergänzungsschulen. Bei »Ergänzungsschulen« (z. B. Schauspielschulen oder Heilpraktikerschulen) handelt es sich um Schulen, für die es kein entsprechendes Äquivalent im öffentlichen Schulsystem gibt und an denen die Schulpflicht nicht erfüllt werden kann. Dies ist nur an den »Ersatzschulen« (hierzu gehören beispielsweise die Freien Waldorfschulen und die Montessori-Schulen) möglich. Die Ersatzschulen müssen bestimmte Voraussetzungen erfüllen, die sich an den Vorgaben orientieren, die für staatliche Schulen gelten. Dazu gehört auch, dass die Lehrziele und Unterrichtsinhalte mit denen der öffentlichen Schulen vergleichbar sind.

Oft kommt im Zusammenhang mit Privatschulen die Frage auf, wie hoch das Schulgeld ist (und ob man sich dieses leisten kann). Privatschulen dürfen die Aufnahme eines Kindes nicht von den finanziellen Mitteln der Eltern abhängig machen und auch keine einkommensstärkeren Familien bevorzugen. Hierdurch soll vermieden werden, dass die Schulwahl der Eltern durch ihre finanziellen Möglichkeiten eingeschränkt wird. Ein exorbitant hohes Schulgeld, das in keinem Verhältnis zum Haushaltseinkommen der Eltern steht, kann also nicht verlangt werden.

Bei den Ersatzschulen gibt es für Eltern einen weiteren Unterschied zu beachten. Entweder sind diese bloß staatlich »genehmigt« oder auch staatlich »anerkannt«. Wenn die Privatschulen lediglich staatlich »genehmigt« sind, können diese Schulen keine Prüfungen abnehmen oder Zeugnisse ausstellen, die für öffentliche Schulen verbindlich sind. Es besteht für die Schüler dann lediglich die Möglichkeit, eine »Schulfremdenprüfung« abzulegen, um einen staatlich anerkannten Abschluss zu erhalten. Bei einem Wechsel von einer staatlich genehmigten Privatschule an eine öffentliche Schule müssen die Schüler meist eine Aufnahmeprüfung ablegen, damit die aufnehmende Schule ihren Leistungsstand beurteilen kann. Für Eltern ist es aus diesem Grund umso wichtiger, sich vor einer Anmeldung an einer Privatschule nach ihrer staatlichen Anerkennung zu erkundigen.

PRAXISHINWEIS

Zwar besteht auch über Privatschulen eine staatliche Aufsicht durch die Schulaufsichtsbehörden, dennoch ist das Schulverhältnis hier grundsätzlich privatrechtlich ausgestaltet. Das heißt, dass Eltern mit der Privatschule einen Vertrag schließen, wenn ihr Kind dort beschult werden soll. Dieser Vertrag kann von der Privatschule gekündigt werden, wenn ein wichtiger Grund vorliegt (beispielsweise bei einem gravierenden Fehlverhalten des Kindes). Sollten sich zwischen Eltern und Privatschule Rechtsstreitigkeiten ergeben, müssen diese vor einem Zivilgericht geklärt werden.

RAUCHEN IN DER SCHULE

Aus den in allen Bundesländern geltenden Nichtraucherschutzgesetzen resultiert auch ein Rauchverbot für das Schulgebäude und das Schulgelände. So werden Kinder und Jugendliche vor den Gefahren des Passivrauchens konsequent geschützt. Die Schulen können teilweise – je nach gesetzlicher Formulierung – für volljährige Schüler sowie für Lehrkräfte Raucherzonen außerhalb des Schulgebäudes im Außenbereich des Schulgeländes einrichten. Dadurch dürfen allerdings nicht die Nichtraucher beeinträchtigt werden. Beispielsweise darf der Bereich nicht so nah am Schulhof liegen, dass der Rauch direkt zu den Schülern zieht. Die Zonen müssen daher einige Meter vom Schulgelände entfernt oder anderweitig räumlich abgetrennt sein.

RECHTSBEHELF

Mithilfe von Rechtsbehelfen können Entscheidungen einer Behörde oder eines Gerichts angefochten werden. Die Person, die den Rechtsbehelf einlegt, möchte hierdurch erreichen, dass die Entscheidung zum einen nochmals überprüft und bestenfalls aufgehoben oder abgeändert wird. Rechtsbehelfe können in formlose und förmliche Rechtsbehelfe unterschieden werden. Wie der Name bereits vermuten lässt, sind die formlosen Rechtsbehelfe nicht an eine bestimmte Form (beispielsweise schriftlich mit Unterschrift) oder Frist geknüpft. Im schulischen Bereich ist als formloser Rechtsbehelf die Beschwerde üblich (siehe Abschnitt »Beschwerde«, S. 57ff.). Zu den förmlichen Rechtsbehelfen zählen insbesondere der Widerspruch (siehe Abschnitt »Widerspruch«, S. 202ff.) und die Klage (siehe Abschnitt »Anfechtungsklage«, S. 45f.).

RECHTSCHREIBUNG

Regelmäßig stellt sich die Frage, ob die Rechtschreibung der Schüler außer im Fach Deutsch auch in anderen Unterrichtsfächern berücksichtigt werden darf. Dazu muss man sagen: Nicht nur im Deutschunterricht spielt die deutsche Sprache eine große Rolle. Ihr korrekter Gebrauch soll in allen Unterrichtsfächern gefördert werden. Daher werden auch häufige Fehler (beispielsweise bei der Rechtschreibung oder bei der sprachlichen Richtigkeit) in den anderen Unterrichtsfächern bei der Notenbildung einbezogen. Dort wird jedoch nicht jeder kleine Fehler negativ bewertet. Die Fehler werden von der Lehrkraft gekennzeichnet und nur, wenn dem Schüler mehrfach und schwerwiegende Rechtschreibfehler unterlaufen, können diese mit einem Abzug bis zu einer Note »berücksichtigt« werden. Wenn ein Schüler also grundsätzlich die Note 2 erhalten hätte, er aber häufige Rechtschreibfehler gemacht hat, kann die Note um eine Notenstufe, also auf die Note 3, nach unten korrigiert werden. Wie immer, kommt es dabei auf den Einzelfall an. Eine konkrete Aussage, was genau unter »schwerwiegenden Rechtschreibfehlern« zu verstehen ist, ist nicht möglich. Maßgebend sind die jeweilige Klassenstufe sowie der Schwierigkeitsgrad des geschriebenen Textes. Eine Ausnahme besteht für Schüler mit einer Lese- und Rechtschreibstörung (siehe Abschnitt »Nachteilsausgleich und Notenschutz«, S. 131).

RECHTSSCHUTZVERSICHERUNG

Je nach Rechtsschutzpolice ist das Schulrecht, das als Unterkategorie zum Verwaltungsrecht zählt, in der Police enthalten oder nicht. Dies hängt vom jeweiligen Versicherungstarif ab. Tendenziell gilt, dass die Versicherung umso teurer ist, je mehr Rechtsgebiete von ihr abgedeckt werden. Es lohnt sich also ein Blick in Ihre derzeitige Rechtsschutzpolice.

REINIGUNGSARBEITEN

Für die Reinigung der Schulräume ist der Schulträger zuständig (siehe Abschnitt »Schulträger«, S. 174). Dieser beauftragt die hierzu notwendigen Reinigungskräfte. Die meisten Lehrkräfte kennen sicher die Situation, dass nach einer Unterrichtsstunde im Klassenzimmer kleine Zettelchen verteilt liegen, der Boden voller Krümel ist und in der Ecke eine Banane vor sich hingammelt, die es nicht in den Abfalleimer geschafft hat. Da wäre es wünschenswert, es stünde eine Art Schüler-Reinigungsdienst zur Verfügung, der schnell den Besen nach dem Unterricht schwingt. So einfach ist das aber nicht. Schüler können durchaus – im Sinne der Umwelt – dazu angehalten werden, ihren Müll ordentlich zu entsorgen. Als Aushilfen für die Reinigungskräfte dienen sie dennoch nicht.

RELIGION IN DER SCHULE

Die Religions- und Weltanschauungsfreiheit, die im Grundgesetz (GG) gewährleistet wird, führt im Schulwesen oftmals zu Spannungen – sei es, wenn es um religiöse Bekleidungsvorschriften, Befreiungen vom Unterricht aufgrund religiöser Feiertage oder sonstige religiöse Verhaltensweisen geht. Zahlreiche solcher Konflikte wurden bereits durch die Rechtsprechung geklärt. Beispielsweise hat das Bundesverfassungsgericht im Jahr 2016 eine Entscheidung zulasten einer Schülerin getroffen, die aufgrund religiöser Gründe nicht in einem Burkini am gemischtgeschlechtlichen Schwimmunterricht teilnehmen wollte. Das Gericht führte aus, dass der Eingriff in die Religionsfreiheit der Schülerin durch den Bildungs- und Erziehungsauftrag der Schule, zu dem auch der Schwimmunterricht zählt, gerechtfertigt sei und es ihr durchaus zuzumuten ist, am Schwimmunterricht teilzunehmen.

Ein weiteres interessantes Urteil stellt die Entscheidung des Bundesverwaltungsgerichts aus dem Jahr 2013 dar. Im Schulunterricht sollte an einem Gymnasium das Buch »Krabat« von Ottfried Preußler von den Schülern gelesen und dann gemeinsam im Unterricht besprochen werden. Zudem sollte zusammen der gleichnamige Film angesehen werden. Eltern, die der Religionsgemeinschaft der Zeugen Jehovas angehörten, hatten sich dagegen mit dem Argument gewehrt, dass ihr Glauben ihnen eine Beschäftigung mit den Inhalten des Buches verbieten würde. In Buch und Film werden unter anderem Szenen beschrieben und dargestellt, die sich mit schwarzer Magie befassen. Die Eltern beantragten eine Unterrichtsbefreiung für ihren Sohn, die jedoch abgelehnt wurde. Im darauf folgenden gerichtlichen Verfahren wurde vom Bundesverwaltungsgericht abschließend festgestellt, dass hierbei nicht die Religionsfreiheit verletzt wird. Andernfalls wäre es für Lehrkräfte an den Schulen wohl sehr schwierig, Literatur und Filme im Unterricht zu behandeln, in denen Magie oder Fantasy-Inhalte vorkommen.

Auch die Thematik der Beurlaubungen aus religiösen Gründen ist weitgehend rechtlich aufgearbeitet. Es wird eine Beurlaubung gewährt, wenn es sich um einen anerkannten religiösen Feiertag handelt und die Zugehörigkeit zur jeweiligen Religion vom Schüler nachgewiesen werden kann (siehe Abschnitt »Beurlaubung von der Schule«, S. 61f.).

SCHEIDUNG UND TRENNUNG

Wenn eine Ehe geschieden wird oder eine Beziehung auseinandergeht und gemeinsame Kinder vorhanden sind, kommt oft die Frage auf, wie sich die Scheidung oder Trennung auf das Sorgerecht für die Kinder auswirkt.

Das Sorgerecht umfasst zum einen die Sorge für die Person des Kindes (Personensorge) und zum anderen die Sorge um das Vermögen des Kindes (Vermögenssorge). Zur Personensorge gehört insbesondere das Recht, den Aufenthalt des Kindes zu bestimmen, das heißt, wo es beispielsweise wohnhaft ist. Im Bürgerlichen Gesetzbuch (BGB) wird geregelt, dass Eltern die elterliche Sorge gemeinsam und im gegenseitigen Einvernehmen zum Wohl des Kindes ausüben. Bei verheirateten Eltern steht durch die geschlossene Ehe beiden Elternteilen das Sorgerecht zu. Falls die Eltern nicht verheiratet sind, übt die Mutter zunächst das alleinige Sorgerecht aus. Meist erkennt allerdings der Vater des Kindes die Vaterschaft vor oder nach der Geburt an und gibt eine Sorgerechtserklärung ab.

Wenn sich die Eltern trennen oder scheiden lassen, passiert erst einmal gar nichts. Das Sorgerecht besteht unverändert weiter zwischen Mutter und Vater. Beide können natürlich beim Familiengericht eine anderweitige Regelung beantragen. Entweder kann das gänzliche Sorgerecht erstritten werden oder das Sorgerecht für bestimmte Bereiche des Lebens, beispielsweise schulische Belange. Sofern dies jedoch nicht der Fall ist, geht die Schule von einem gemeinsamen Sorgerecht der Eltern aus. In der Praxis kommt es häufiger vor, dass von der einen oder anderen Seite behauptet wird, es bestünde das alleinige Sorgerecht. In diesem Fall muss der Schule allerdings hierzu ein Nachweis vorgelegt werden.

Wie sieht es nun aber im Einzelfall aus, wenn sich die Eltern trennen? Wer bestimmt über was? Sehen wir uns dies nachfolgend genauer an:

- Leben die Eltern getrennt – was wohl der Regelfall bei einer Trennung sein wird –, darf der Elternteil, bei dem sich das Kind überwiegend aufhält (z. B. weil es dort wohnt), über *alltägliche Angelegenheiten* allein entscheiden. Entscheidungen in Angelegenheiten des täglichen Lebens sind in der Regel solche, die häufig vorkommen und die keine schwer abzuändernden Auswirkungen auf die Entwicklung des Kindes haben (z. B. Schlafenszeiten, Wahl der Kleidung, Teilnahme am Schulausflug, Nachhilfe, Umgang mit Freunden). Bei Themen, die für das Kind von erheblicher Bedeutung sind, müssen sich die Eltern weiter verständigen und einigen. Wesentliche Angelegenheiten im schulischen Bereich sind zum Beispiel die Wahl der weiterführenden Schulart oder grundlegender Fächerkombinationen. Wenn es den Eltern nicht gelingt, sich zu einigen, können sie einen Antrag beim Familiengericht stellen. Das Familiengericht kann dann einem Elternteil die Befugnis zur Entscheidung übertragen.

- Bei einem gemeinsamen Sorgerecht kann die Schule *Informationen in Bezug auf das Kind* jedem Elternteil mitteilen. Beide Sorgeberechtigte können sich zudem bei der Schule erkundigen. In der Praxis wird sich die Schule aber an den Elternteil wenden, bei dem das Kind wohnt. Es wird so eine Doppelbelastung für die Lehrkräfte dahingehend vermieden, dass diese erst dem einen Elternteil einen Bericht erstatten und dann erneut dieselben Informationen an den anderen weiterleiten müssen. Vielmehr müssen die Eltern untereinander für den Informationsaustausch sorgen. Sofern nur ein Elternteil das Sorgerecht innehat, stehen auch nur diesem Informationen zu. Die Schule darf in diesem Fall keine Informationen an den nicht sorgeberechtigten Elternteil herantragen.

- Zwar ist es durchaus üblich, gewöhnliche Informationen lediglich dem sorgeberechtigten Elternteil zu übermitteln, bei dem das Kind lebt. Hierzu gibt es aber eine Ausnahme. Bei *wichtigen schulischen Angelegenheiten*, die *Verwaltungsakte* darstellen (wenn beispielsweise das Kind von der Schule ausgeschlossen oder nicht zur

Abiturprüfung zugelassen wird), muss dennoch eine Information beider Elternteile erfolgen, wenn beide das Sorgerecht ausüben. Auch bei Nichtversetzungen oder Erziehungs- und Ordnungsmaßnahmen reicht es nicht aus, wenn die Schule ihr Schreiben nur an einen Elternteil versendet.

- Wenn ein Elternteil allein sorgeberechtigt ist und erneut heiratet, darf der neue Ehegatte in Angelegenheiten des täglichen Lebens des Kindes mitentscheiden. Voraussetzung hierfür ist allerdings, dass die Entscheidung einvernehmlich mit dem sorgeberechtigten Elternteil getroffen wurde.

PRAXISHINWEIS

Falls einem Elternteil das alleinige Sorgerecht zugesprochen wurde, muss die Schule in jedem Fall über diesen Umstand informiert und ihr ein Nachweis vorgelegt werden. Nur so kann die Schule in rechtlich zulässiger Weise verfahren und feststellen, ob die Behauptung des Elternteils der Wahrheit entspricht. Der Elternteil, der die elterliche Sorge nicht mehr innehat, ist dann kein (Eltern-)Partner der Schule mehr.

SCHULABSENTISMUS (SCHULVERWEIGERUNG)

Siehe Abschnitt »Schulsäumnis (»Schule schwänzen«)«, S. 172

SCHULARTEN

So vielfältig wie das Schulwesen an sich sind auch die Schularten, die von den Schülern besucht werden können. Zu den Schularten (oder auch Schulformen genannt) zählen die Grundschule, die Haupt-

und Werkrealschule/Mittelschule, die Realschule, das Gymnasium, die Gemeinschaftsschule/Gesamtschule, die beruflichen Schulen und die sonderpädagogischen Schulformen. Die Schularten erfüllen im Sinne der Umsetzung des Bildungs- und Erziehungsauftrages eigenständige Aufgaben und fördern die Schüler im Hinblick auf ihre individuellen Begabungen. Falls sich Schüler nach dem Übergang auf die weiterführende Schule noch für eine andere Schulart entscheiden wollen, besteht hierzu weiterhin die Möglichkeit. Das Schulsystem ist durchlässig, sodass sich Schüler auch im Nachhinein noch umorientieren können und nicht an eine Schulart für den Rest ihrer schulischen Laufbahn gebunden sind. Es müssen jedoch für einen Wechsel die jeweiligen Voraussetzungen, maßgeblich die entsprechenden Noten, vorliegen.

- Die *Grundschule* bildet die Basis und erste Station der Schullaufbahn eines jeden Schülers. Eltern haben die Wahl, ob ihr Kind an einer staatlichen oder privaten Grundschule (siehe Abschnitt »Privatschulen«, S. 147f.) angemeldet werden soll. Die Grundschule vermittelt schulische Grundkenntnisse und soll dem Kind in der ersten Klasse einen gelungenen Übergang vom Kindergarten zur Schule bieten. Am Ende des Grundschulbesuches soll jedes Kind über die Voraussetzungen für den weiteren schulischen Weg verfügen. Die Lehrkräfte beraten dabei die Eltern bei ihrer Entscheidung, welche weiterführende Schulart für ihr Kind geeignet ist (siehe Abschnitt »Grundschulempfehlung«, S. 97f.).

- In der *Werkrealschule* (oder auch als *Hauptschule* oder *Mittelschule* bezeichnet) wird den Schülern eine grundlegende allgemeine Bildung vermittelt, die sich besonders an praktischen und lebensnahen Sachverhalten orientiert. Insbesondere werden die Schüler auf eine Berufsausbildung vorbereitet. Die schulische Laufbahn der Schüler endet mit dem Erwerb des Hauptschulabschlusses nach fünf Jahren oder des Realschulabschlusses nach sechs Jahren. An den Mittelschulen, die es in Bayern gibt, besteht zudem die

Möglichkeit, einen qualifizierenden Abschluss der Mittelschule zu erhalten, nachdem die Schüler eine zusätzliche besondere Leistungsfeststellung mit der Durchschnittsnote 3,0 bestanden haben.

- Auch in der *Realschule* werden vorwiegend grundlegende Bildungsinhalte gelehrt. Diese werden jedoch ergänzt mit zusätzlichen, vermehrt theoretischen Themenbereichen, die die Schüler am Ende zu einem Realschulabschluss leiten. Neben der Hinführung der Schüler zu einer Berufsausbildung sollen auch Kenntnisse vermittelt werden, die die Schüler zu einem Übertritt auf eine berufliche Schule oder ein Gymnasium befähigen.

- Im *Gymnasium* wird den Schülern neben einer allgemeinen Bildung auch eine vertiefte Allgemeinbildung zuteil, die die Schüler auf ein Hochschul- oder Fachhochschulstudium vorbereiten sollen. Unterrichtsinhalte bilden theoretische und wissenschaftliche Themen. Die Schüler sollen dazu angehalten werden, schwierige Fragestellungen zu verstehen und wiedergeben zu können. Die Schüler erlangen im Falle der erfolgreichen Absolvierung das Abitur nach acht (G8) beziehungsweise neun Jahren (G9).

- Das Grundkonzept der *Gemeinschaftsschule* ist ein längeres gemeinsames Lernen der Schüler nach der Grundschule, wodurch eine größere Durchlässigkeit zwischen den Schularten erzielt werden soll. Die Schüler werden in der Gemeinschaftsschule zusammen unterrichtet, wobei entsprechend der individuellen Begabungen und Fähigkeiten der Schüler Lerngruppen gebildet werden. Die Gemeinschaftsschule gibt es als staatliche Schulform lediglich in bestimmten Bundesländern.

- Auch an den Gesamtschulen lernen Schüler, die unterschiedlich leistungsstark sind, zusammen in einer Schule. Bei den Gesamtschulen wird jedoch zwischen integrierten und kooperativen

Gesamtschulen unterschieden. Während bei den integrierten Gesamtschulen Schüler ihren Fähigkeiten entsprechend in verschiedene Kurse aufgeteilt werden, gibt es an der kooperativen Gesamtschule den Hauptschul- und Realschulzweig sowie gymnasiale Schulklassen, denen die Schüler zugeordnet werden.

- Das *berufliche Schulwesen* umfasst die Berufsschule, die Berufsfachschule, das Berufskolleg, die Berufsoberschule und das berufliche Gymnasium.
  Die *Berufsschule* vermittelt vorrangig fachtheoretische Fähigkeiten und vertieft die Allgemeinbildung ihrer Schüler. Meist gibt es verschiedene Typen von Berufsschulen – beispielsweise gewerbliche, kaufmännische, hauswirtschaftlich-pflegerisch-sozialpädagogische oder landwirtschaftliche. Es bestehen für den Schüler zwei Komplexe: Zum einen nimmt er am Berufsschulunterricht in der Berufsschule teil, und zum anderen ist er praktisch in seinem Ausbildungsbetrieb tätig, wobei beide Einheiten in der Regel in zeitlichen Blöcken stattfinden. Die Schüler erlangen am Ende einen für den Beruf qualifizierenden oder einen direkt für einen Beruf befähigenden Abschluss. Das *berufliche Gymnasium* ist ein reguläres Gymnasium, das jedoch die Besonderheit aufweist, dass die Oberstufe drei Schuljahre umfasst. Es werden nicht nur die klassischen Unterrichtsfächer angeboten, sondern die Schüler müssen auch berufsbezogene Fächer belegen wie beispielsweise Wirtschaft. Insbesondere können Schüler, die bereits einen mittleren Schulabschluss (z. B. einen Realschulabschluss) erworben haben, an das berufliche Gymnasium wechseln, um die allgemeine Hochschulreife zu erlangen.

- An *Förderschulen* (auch *Sonderpädagogische Bildungs- und Beratungszentren* oder *Schulen mit sonderpädagogischem Förderschwerpunkt* genannt) erhalten Kinder mit Behinderungen und/oder einem sonderpädagogischen Unterstützungsbedarf eine zielgerichtete Förderung. Die Beschulung zielt maßgeblich auf die berufliche Integration der Kinder ab und soll bestehende Beeinträchtigungen bestmöglich ausgleichen. In Baden-Württemberg gibt es beispielsweise verschiedene Förderschwerpunkte im Hinblick auf die sonderpädagogische Beschulung. Schüler können hierbei in den Bereichen Lernen, Sprache, emotionale und soziale Entwicklung, Sehen, Hören, geistige Entwicklung, körperliche und motorische Entwicklung und bei einer längeren Krankenhausbehandlung sonderpädagogisch unterstützt werden. Falls Schüler eine sonderpädagogische Hilfe benötigen, müssen sie jedoch nicht zwingend eine Förderschule besuchen. Sie können ebenfalls an einer allgemeinbildenden Schule angemeldet werden. Die Förderschulen beraten und unterstützen in diesem Fall die allgemeinbildenden Schulen bezüglich des sonderpädagogischen Förderbedarfes des Schülers.

SCHÜLERUNFALLVERSICHERUNG

Wo sich Kinder über einen längeren Zeitraum aufhalten, miteinander spielen und umhertoben, kann es natürlich zu Unfällen kommen, das kann (leider) nicht immer vermieden werden. Trotz umfangreicher Bemühungen seitens der Schulleitung und einer sorgfältigen Aufsichtsführung durch die Lehrkräfte wird es immer Gefahrenquellen geben, von denen die Schüler nicht gänzlich ferngehalten werden können. Sei es, weil ein Schüler stolpert und die Treppe herunterpurzelt, im Hof auf einer besonders glatten Stelle im Winter ausrutscht oder weil der Mitschüler es lustig findet, seinem Sitznachbarn ein Buch auf den Kopf zu hauen. Ich denke, Sie wissen, was ich meine.

Im Falle eines Unfalls ist es wichtig, dass sich die Schulleitung, die Lehrkräfte und auch Eltern vorab informieren, wie im Ernstfall zu handeln ist, und dass die für den verunfallten Schüler entstandenen Schäden ausgeglichen werden. Hier kommt die sogenannte »Schülerunfallversicherung« ins Spiel: Durch sie sind Schüler während des Schulbesuches kraft Gesetzes versichert. Bei einem Schüler, der von seinem Mitschüler mit einem Buch verletzt wurde und daraufhin eine Gehirnerschütterung hat, die einen dreitägigen Krankenhausaufenthalt zur Folge hat, führt dies dazu, dass die Schülerunfallversicherung die Schäden des verletzten Schülers übernimmt. Insbesondere können dadurch Rechtsstreitigkeiten zwischen den Schülern (und zwischen Schülern und Lehrkräften) verhindert werden.

Von der Schülerunfallversicherung werden bei einem Unfall beispielsweise ärztliche Behandlungen, Arznei- und Heilmittel, stationäre Aufenthalte im Krankenhaus und eine Rente bei dauerhaften Schäden gezahlt. Der Umfang der gesetzlichen Schülerunfallversicherung ist dabei in der Regel weitaus größer als der Versicherungsschutz der regulären Krankenversicherung oder einer privaten Unfallversicherung. Übernommen werden unter anderem folgende Leistungen:

- Heilbehandlungen und medizinische Rehabilitation (ärztliche und zahnärztliche Behandlungen, Krankenhausaufenthalte, Arzneimittel, Transportkosten)
- Krankengymnastik und andere notwendige therapeutische Maßnahmen
- häusliche Umbaumaßnahmen, Umbaumaßnahmen an einem Pkw
- die Verletztenrente bei dauerhaften Schäden

Falls ein Schüler einen anderen Mitschüler vorsätzlich oder grob fahrlässig verletzt hat, kann der Träger der Schülerunfallversicherung von dem Schüler Schadensersatz verlangen und die ausgelegten Kosten zurückfordern. Dies ist allerdings nur möglich, wenn der Schüler die Verletzung bewusst beabsichtigt hat oder hätte vorhersehen können. Dabei kommt es maßgeblich auf das Alter und die vorhandene Einsichtsfähigkeit des Schülers an. Auf ihn kommen auf jeden Fall Erziehungs- und Ordnungsmaßnahmen zu (siehe Abschnitt »Erziehungs- und Ordnungsmaßnahmen«, S. 75ff.).

Die rechtlichen Grundlagen zur gesetzlichen Schülerunfallversicherung finden sich im Sozialgesetzbuch VII (SGB VII). Jeder Schüler allgemeinbildender und berufsbildender Schulen ist versichert. Es spielt auch keine Rolle, ob es sich dabei um öffentliche oder private Schulen handelt. Eltern müssen für ihre Kinder somit keine eigene Unfallversicherung für den Schulbesuch abschließen, da diese gebührenfrei von der öffentlichen Hand bereitgestellt wird. Die Kosten werden meist von der Kommune oder dem Bundesland getragen. Die Schülerunfallversicherung schützt die Schüler bei allen Tätigkeiten und Verhaltensweisen, die mit dem Schulbesuch in einem Zusammenhang stehen. Sie umfasst unter anderem:

- die Wege zwischen dem häuslichen Bereich und der Schule sowie den Rückweg nach Hause (versichert sind hierbei auch Umwege, die der Schüler und/oder seine Eltern nehmen, um einen Mitschüler abzuholen)
- die Zeiträume während des Unterrichts und der Pausen
- der Besuch von Arbeitsgemeinschaften
- Klassenfahrten
- Ausflüge
- der Weg zur Schule und von der Schule zu schulischen Veranstaltungen
- Veranstaltungen im Rahmen der Schülermitverwaltung (SMV)
- schulische Aktivitäten bei einem Schüleraustausch im Ausland

Der Versicherungsschutz greift auch bei Betreuungsmaßnahmen, die unmittelbar vor oder nach dem Unterricht von der Schule oder im Zusammenwirken mit ihr durchgeführt werden (z. B. im Hort). Sollten Schüler während der Mittagspause das Schulgelände verlassen, um sich etwas zum Mittagessen zu besorgen, sind auch die hierbei zurückzulegenden Wege versichert. Es ist dabei egal, ob der Schüler sich erlaubt oder verbotenerweise vom Schulgelände entfernt hat. Ebenfalls genießen Eltern den Versicherungsschutz, wenn sie für die Schule Aufgaben übernehmen. Dies ist zum Beispiel der Fall, wenn Eltern als Elternbeirat tätig sind, bei einer Klassenfahrt als Unterstützung mitfahren oder die Aufsicht bei einem Schulfest führen.

Nicht versichert sind rein private Tätigkeiten. Falls bei Klassenfahrten Freizeiten für die Schüler stattfinden (zwei Stunden für einen Shopping-Bummel), sind die Schüler während dessen nicht versichert. Für das *offizielle* Programm der Klassenfahrt besteht wiederum der Versicherungsschutz. Auch die Erledigung von Hausaufgaben fällt nicht unter den Versicherungsschutz, wenn sie zu Hause bearbeitet werden. Wenn eine schulische Hausaufgabenbetreuung in der Schule stattfindet, würde für die Schüler wiederum die Schülerunfallversicherung greifen.

PRAXISHINWEIS

Sollte es zu einem Unfall in der Schule kommen, verständigt die Schulleitung die gesetzliche Schülerunfallversicherung. Wenn ein Unfall außerhalb der Schule geschieht (z. B. auf dem Weg in die Schule), sollten Sie als Eltern den behandelnden Arzt bereits darüber informieren, dass ein Schulunfall vorliegt. Der Arzt wird dann direkt mit der gesetzlichen Schülerunfallversicherung die Abrechnung der anfallenden Kosten vornehmen und Sie müssen keine Vorauszahlungen leisten.

SCHÜLERVERTRETUNG

Die an den Schulen organisierte Schülermitverantwortung (SMV) ist eine tolle Möglichkeit für Schüler, am Schulleben aktiv mitzuwirken und es mitzugestalten. Die SMV soll nicht nur Schüler dazu anhalten, sich im Schulalltag einzubringen, sondern sie auch zu Verantwortung und Selbstständigkeit erziehen. Die SMV wird von der Schulleitung, den Lehrkräften, den Eltern und der Schulaufsicht unterstützt und kann sich in verschiedenen schulischen Bereichen engagieren. Sie kann beispielsweise schulische Veranstaltungen organisieren (z. B. Vorträge, Gesprächsrunden), bei Konflikten zwischen Schülern und Lehrkräften moderierend tätig werden und Wünsche und Sorgen der Schüler an die Schulleitung weitergeben.

Die einzelnen Begriffe für die verschiedenen Ebenen der SMV unterscheiden sich erheblich in den rechtlichen Regelungen je nach Bundesland. Die Interessen der Schüler werden in der Schule meist durch die Klassenschülerversammlung und die Schülervertreter vertreten. Zu den Schülervertretern zählen die Klassensprecher, der Schülerrat und der Schülersprecher.

Die Klassenschülerversammlung besteht aus allen Schülern einer Klasse (oder eines Grundkurses), die aus ihrer Mitte einen Klassensprecher und dessen Stellvertreter wählen. Diese nehmen dann am Schülerrat teil und vertreten die Anliegen ihrer Klasse. Der Schülerrat umfasst den Schulsprecher, seine Stellvertreter und die jeweiligen Klassensprecher samt deren Stellvertreter. Im Schülerrat wird über alle Angelegenheiten beraten und diskutiert, die für alle Klassen der Schule relevant sind und damit die Schule als Ganzes betreffen. Informationen, die zur Beratung des Schülerrates notwendig sind, werden von der Schulleitung vorab an ihn weitergegeben. Der Schülerrat kann sich eine Satzung erteilen und Regelungen zur Wahl der Schülervertreter und der generellen Arbeitsweise der SMV treffen.

Auch gibt es einen Landesschülerbeirat (teilweise auch SchülerInnenkammer, GesamtschülerInnenvertretung, Landesschülervertretung etc. genannt), der aus Vertretern der Schüler besteht und gegenüber dem jeweiligen Kultusministerium beziehungsweise Senat für Bildung die Anliegen der Schüler vertritt. Der Landesschülerbeirat kann beispielsweise Vorschläge in Bezug auf die Gestaltung des Erziehungs- und Unterrichtswesens unterbreiten. Auf Bundesebene gibt es die Bundesschülerkonferenz (BSK), bei der aktuell 13 Landesschülerbeiräte mitwirken. Dort werden im Rahmen der Sitzungen Angelegenheiten diskutiert, die von überregionaler Bedeutung sind und die daher für die Schüler aller Bundesländer interessant sein können.

SCHÜLERZEITUNG

An vielen Schulen werden Schülerzeitungen vertrieben, die von den Schülern geschrieben und hergestellt werden. Durch die Mitwirkung an der Erstellung der Schülerzeitschrift können sich Schüler kreativ verwirklichen und ihre journalistischen Fähigkeiten ausbauen. Die Schülerzeitung weist meist einen Bezug zur jeweiligen Schule auf und benennt den Schulnamen oftmals sogar in ihrem Titel. In der Schülerzeitung können verschiedene Themen angesprochen und dargestellt werden. Da die Zeitschrift überwiegend von Schülern erworben wird, sind natürlich Vorgänge des Schulalltags, Neuigkeiten der Schülervertretung (siehe Abschnitt »Schülervertretung«, S. 163) und aktuelle Informationen besonders interessant.

Für die Inhalte der Schülerzeitung ist die Schülerredaktion (beziehungsweise bei minderjährigen Schülern deren Eltern) verantwortlich. Die Schüler fungieren als Redakteure und stellen den Inhalt der Zeitung zusammen. Die Herstellung der Schülerzeitung ist häufig als Arbeitsgemeinschaft an den Schulen organisiert und wird von einer Lehrkraft begleitend betreut. Nach der Erstellung jedes Heftes wird die Zeitschrift üblicherweise der Schulleitung vorgelegt. Diese kann nicht beliebig die Inhalte bestimmen oder spezifische Themen verbieten. Die Schülerredakteure können sich auf ihre grundrechtlich geschützte Meinungsfreiheit berufen. Die Meinungsfreiheit der

Schüler besteht jedoch nicht grenzenlos. Die Schülerzeitung darf beispielsweise keine beleidigenden oder diffamierenden Inhalte aufweisen. Der Schulleitung sollte es folglich darum gehen, zu überprüfen, inwieweit die Beiträge in der Schülerzeitung strafrechtlich relevant sind oder den Erziehungs- und Bildungsauftrag gefährden können. Die mitwirkenden Schüler sollen durch die Kontrolle der Schulleitung so vor straf- und zivilrechtlichen Anzeigen geschützt werden.

Daneben ist es wichtig, dass keine Bild- und Datenschutzrechte von Schülern, Lehrkräften oder Dritten verletzt werden und kein fremdes geistiges Eigentum verwendet wird (siehe Abschnitt »Datenschutz«, S. 64ff.). Es dürfen also keine Bilder von anderen Schülern oder Lehrkräften ohne deren Einwilligung abgedruckt werden. Auch dürfen nicht einfach Fotos aus dem Internet verwendet werden, wenn hierfür keine entsprechende Lizenz vorliegt. Alle Beiträge und Nachrichten sind außerdem vor dem Druck dahingehend zu prüfen, ob diese wahr sind und woher die Informationen stammen. Auch müssen der Name der jeweiligen verantwortlichen Redakteure und die Anschrift der Schule in der Zeitung angegeben werden.

Die Schule muss keine finanziellen Mittel für die Herstellung der Schülerzeitung bereitstellen. Meist können vorhandene Computer von den Schülern verwendet werden, um die Artikel abzutippen. Die Produktionskosten der Schülerzeitung sollten jedoch von den Verkaufsbeiträgen gedeckt sein. Ein Weg, um zusätzliche Einnahmen für den Druck zu generieren, ist die Veröffentlichung von Werbeanzeigen in der Zeitschrift. In dieser Hinsicht muss die Werbung allerdings auch mit dem Erziehungs- und Bildungsauftrag der Schule vereinbar sein. Eine großflächige Werbung für den Shisha-Laden um die Ecke sollte sich dort also nicht finden.

SCHULFORUM

Siehe Abschnitt »Schulkonferenz«, S. 166

SCHULKONFERENZ

Die in den meisten Bundesländern vorhandene Schulkonferenz (teilweise auch Schulforum, Gesamtkonferenz, Schulausschuss oder Schulvorstand genannt) in einer Schule ist ein schulisches Gremium, welches das Miteinander und die Zusammenarbeit zwischen Schulleitung, Lehrkräften, Eltern und Schülern fördern soll. Mitglieder der Schulkonferenz sind häufig die Schulleitung, der Elternbeiratsvorsitzende, der Schülersprecher, Lehrkräfte und weitere Vertreter der Eltern und Schüler. Die Schulkonferenz berät und entscheidet über Angelegenheiten, die für die Schule von besonderer Bedeutung sind. Themenschwerpunkte, mit denen sich die Schulkonferenz auseinandersetzt, sind zum Beispiel:

- die Vereinbarung von Schulpartnerschaften (z. B. mit Schulen im Ausland)
- die Gestaltung besonderer Schulveranstaltungen (beispielsweise das Schulfest)
- generelle Angelegenheiten der Schülermitverantwortung (SMV)
- die Anforderung von Haushaltsmitteln gegenüber dem Schulträger (siehe Abschnitt »Schulträger«, S. 174)
- die Einrichtung oder Beendigung eines Schulversuchs (siehe Abschnitt »Schulversuche«, S. 175)
- die Änderung der Schulart, der Schulform oder des Schultyps
- der Erlass der Schul- und Hausordnung (z. B. Konkretisierung der Rechte und Pflichten der Schüler in der Schule)
- Mitwirkung bei Erziehungs- und Ordnungsmaßnahmen (beispielsweise bei einem Schulausschluss eines Schülers)
- grundsätzliche Fragen zu Klassenarbeiten und Hausaufgaben
- die Grundsätze über die Durchführung von außerunterrichtlichen Veranstaltungen (beispielsweise Wandertage, Betriebsbesichtigungen, Ausflüge)

Bei den genannten Themen entscheidet die Schulkonferenz teilweise alleine oder ist vorab von der Schulleitung anzuhören.

SCHULLEITUNG

Die Verantwortung für die Schule liegt bei der Schulleitung. Sie muss sicherstellen, dass die Abläufe stimmen und der schulische Alltag reibungslos funktioniert. Die Schulleitung wird von der Schulaufsichtsbehörde bestellt und leitet nicht nur die Schule, sondern koordiniert auch die Lehrkräfte, indem sie Lehraufträge vergibt und die Aufstellung der Stunden- und Aufsichtspläne verwaltet. Sie darf den Lehrkräften Aufgaben erteilen und bei ihnen Unterrichtsbesuche durchführen, um dienstliche Beurteilungen zur Qualität ihres

Unterrichts anzufertigen. Dies ist beispielsweise notwendig, wenn eine Lehrkraft noch in der Probezeit ist oder sich auf eine Beförderungsstelle beworben hat. Die Schulleitung beaufsichtigt auch das Personal des Schulträgers (z. B. Hausmeister, Sekretariat) und ist gegenüber diesen Personen weisungsberechtigt. Daneben vertritt sie die Schule nach außen und übt das Hausrecht aus. Sie kann in diesem Zusammenhang bestimmten Eltern oder Schülern ein Betretungsverbot der Schule (Hausverbot) aussprechen. Die Schulleitung kann auch als Lehrkraft Schüler unterrichten. Auf jeden Fall sollte sie soziale Kompetenzen aufweisen, um die vielfältigen Aufgaben als Schulleitung meistern zu können. In der Praxis steht die Schulleitung mit der für sie zuständigen Schulaufsichtsbehörde in stetigem Kontakt und bespricht sich bei auftretenden Fragen. Bei einer Verhinderung der Schulleitung wird sie durch die stellvertretende Schulleitung vertreten.

SCHULPFLICHT

Schüler erfüllen ihre Schulpflicht, indem sie am Unterricht und an den anderen verbindlichen Veranstaltungen der Schule teilnehmen. Sie können dabei eine öffentliche Schule, eine staatlich anerkannte oder eine staatlich genehmigte Ersatzschule besuchen (siehe Abschnitt »Privatschulen«, S. 147f.). Der Schulpflicht unterliegen Kinder und Jugendliche, die im jeweiligen Bundesland ihren Wohnsitz (in der Regel der Ort, an dem die Eltern gemeldet sind) oder gewöhnlichen Aufenthalt haben. Schulpflichtig sind auch Kinder und Jugendliche, denen aufgrund eines Asylantrags der Aufenthalt gestattet wurde oder deren Aufenthalt formal geduldet wird.

Für den Beginn der Schulpflicht ist das Geburtsdatum und somit das Alter des Kindes maßgeblich. Die Bundesländer sehen hierbei Stichtagsregelungen vor, zu denen das Kind die Grundschule besuchen muss (»Muss-Kind«) oder auf Wunsch der Eltern angemeldet werden kann (»Kann-Kind«). In Baden-Württemberg ist beispielsweise der 30.06. des Kalenderjahres der einschlägige Stichtag, in Rheinland-Pfalz der 31.08. und in Bayern der 30.09. Falls das Kind bis dahin das sechste Lebensjahr vollendet hat (also sieben Jahre alt geworden ist), muss es eine Grundschule besuchen. Wird das sechste Lebensjahr bis zum Stichtag des folgenden Jahres vollendet, darf das Kind freiwillig zum Schulbesuch von den Eltern angemeldet werden. Wenn der kleine Max also am 01.10.2017 in München geboren wurde und dort die Grundschule besuchen möchte, müssten ihn seine Eltern im Schuljahr 2023/2024 nicht zwingend einschulen, sondern könnten genauso gut noch ein Jahr mit der Einschulung warten. Es besteht ebenfalls die Möglichkeit, ein Kind vorzeitig zum Schulbesuch zuzulassen, wenn aufgrund seines geistigen und körperlichen Entwicklungsstandes absehbar ist, dass es erfolgreich am Unterricht teilnehmen kann. Umgekehrt kann ein Kind auf Verlangen der Eltern zurückgestellt werden, wenn es regulär schulpflichtig wäre, jedoch noch kein vielversprechender Schulbesuch zu erwarten ist.

Im Falle einer Verletzung der Schulpflicht stehen der Schule und der Schulaufsichtsbehörde verschiedene Reaktionsmöglichkeiten zur Verfügung. In Betracht kommen eine zwangsweise Vorführung des Schülers in der Schule (der Schüler wird morgens von der Polizei in die Schule gebracht), die Verhängung von Erziehungs- und Ordnungsmaßnahmen (siehe Abschnitt »Erziehungs- und Ordnungsmaßnahmen«, S. 75ff.), die Androhung eines Zwangsgeldes und die Einleitung eines Ordnungswidrigkeitenverfahrens (siehe Abschnitt »Schulsäumnis«, S. 172f.).

Die Vollzeitschulpflicht endet in der Regel nach neun bis zehn Schuljahren. Hieran schließt sich die Berufsschulpflicht an.

SCHULPSYCHOLOGISCHE BERATUNGSSTELLEN

Oftmals haben Schüler Beratungsbedarf bei psychologischen Problemen, der von den Lehrkräften nicht (abschließend) abgedeckt werden kann. Die Aufgabe der schulpsychologischen Betreuung von

Schülern wird daher von den schulpsychologischen Beratungsstellen übernommen. Die Beratung übernehmen fachlich qualifizierte Personen, zum Beispiel Psychologen. Sie dürfen nicht mit den Vertrauens- oder Beratungslehrkräften verwechselt werden. Während diese für ihre Funktion meist gewählt werden und reguläre Lehrkräfte der Schule sind, verfügen die Ansprechpartner der schulpsychologischen Beratungsstellen über einschlägiges Fachwissen, um in psychologischen Angelegenheiten kompetent Hilfestellung geben zu können. Bei Bedarf können sich Schüler, Eltern und Lehrkräfte an die Beratungsstellen wenden. Sie bieten auch bei schulischen Sorgen oder anderen Problemen Unterstützung an.

SCHULRECHT

Das Schulrecht ist ein Teilgebiet des öffentlichen Rechts und stellt Landesrecht dar. Das bedeutet, dass die einzelnen Bundesländer ihre schulrechtlichen Regelungen selbst festlegen (sogenannte »Kulturhoheit«). Diese haben die Form von Gesetzen, Verordnungen, Verwaltungsvorschriften und Erlassen. Durch die rechtlichen Vorgaben zum Schulwesen werden neben der Organisation der Schulen auch die Rechte und Pflichten von Schülern, Lehrkräften, Eltern, Schulaufsicht und Schulträgern geregelt.

Übersicht über die Rechtsgebiete

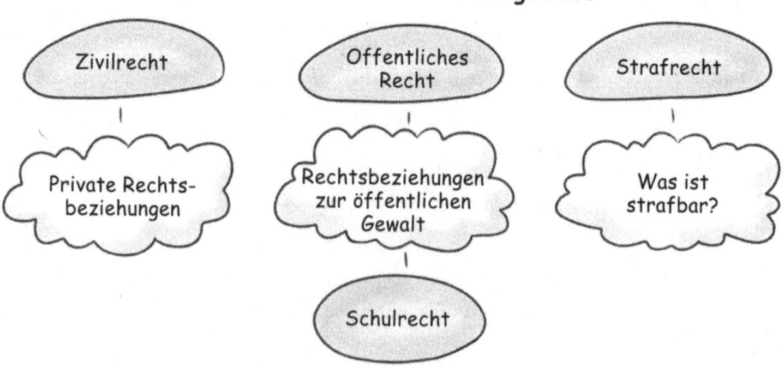

PRAXISHINWEIS

Wenn Eltern oder Schüler ein schulrechtliches Problem lösen oder sich einen Überblick über die rechtliche Lage verschaffen möchten, lohnt sich ein Blick in die jeweiligen Regelungen des Bundeslandes. Diese sind nachfolgend für die einzelnen Bundesländer:

- Baden-Württemberg – Schulgesetz für Baden-Württemberg (SchulG)
- Bayern – Bayerisches Gesetz über das Erziehungs- und Unterrichtswesen (BayEUG)
- Berlin – Schulgesetz für das Land Berlin (SchulG)
- Brandenburg – Brandenburgisches Schulgesetz (BbgSchulG)
- Bremen – Bremisches Schulgesetz (BremSchulG)
- Hamburg – Hamburgisches Schulgesetz (HmbSG)
- Hessen – Hessisches Schulgesetz (HSchG)
- Mecklenburg-Vorpommern – Schulgesetz für das Land Mecklenburg-Vorpommern (SchulG M-V)
- Niedersachsen – Niedersächsisches Schulgesetz (NSchG)
- Nordrhein-Westfalen – Schulgesetz für das Land Nordrhein-Westfalen (SchulG)
- Rheinland-Pfalz – Schulgesetz Rheinland-Pfalz (SchulG)
- Saarland – Schulordnungsgesetz (SchoG)
- Sachsen – Sächsisches Schulgesetz (SächsSchulG)
- Sachsen-Anhalt – Schulgesetz des Landes Sachsen-Anhalt (SchulG LSA)
- Schleswig-Holstein – Schleswig-Holsteinisches Schulgesetz (SchulG)
- Thüringen – Thüringer Schulgesetz (ThürSchulG)

SCHULSÄUMNIS (»SCHULE SCHWÄNZEN«)

Eltern haben in Bezug auf die Schule eine wichtige Aufgabe: nämlich dafür zu sorgen, dass ihr Kind die Schule besucht und dort am Unterricht teilnimmt (siehe Abschnitt »Schulpflicht«, S. 168). Kinder und Jugendliche sind dafür erst dann selbst verantwortlich, wenn sie das 14. Lebensjahr vollendet haben. Wenn Eltern oder Schüler dieser Verpflichtung nicht nachkommen, stellt dies eine Ordnungswidrigkeit dar, die mit einer Geldbuße geahndet werden kann. Die Schule meldet der für den Schulbezirk zuständigen Ordnungsbehörde die Verstöße gegen die Schulpflicht. Die Geldbußen bei einer vorsätzlichen Zuwiderhandlung können über einen längeren Zeitraum hinweg bis zu mehrere Tausend Euro betragen. Die Höhe wird von der für den Schulbezirk zuständigen Kommune eigenständig festgelegt.

Daneben können die Schulaufsichtsbehörden bei einer Schulpflichtverletzung ein Zwangsgeld festsetzen, um zusätzlichen Druck auf die Eltern und den Schüler auszuüben. In der Praxis selten angewendet, dennoch rechtlich zulässig ist zudem die »zwangsweise Vorführung des Schülers bei der Schule«, die in der Regel durch die Polizei vorgenommen wird. Für die Sanktion von Verstößen der Schüler kommen darüber hinaus Erziehungs- und Ordnungsmaßnahmen in Betracht (siehe Abschnitt »Erziehungs- und Ordnungsmaßnahmen«, S. 75f.).

PRAXISHINWEIS

Wenn eine Verletzung der Schulpflicht seitens der Schule festgestellt wird, sollte die Schule vor Gebrauch der rechtlichen Möglichkeiten das Gespräch mit dem Schüler und dessen Eltern suchen, um ihren pädagogischen Handlungsspielraum zu nutzen. Eine Rücksprache der Schule mit dem zuständigen Jugendamt (siehe Abschnitt »Jugendamt«, S. 109f.) wird zudem erforderlich, wenn die Schulpflichtverletzung länger andauert und nicht mit einer Besserung gerechnet werden kann.

SCHULSOZIALARBEITER

Schulsozialarbeiter werden erzieherisch und pädagogisch an der Schule tätig und unterstützen die Lehrkräfte. Schüler, die aufgrund sozialer Benachteiligungen oder individueller Beeinträchtigungen in erhöhtem Maße auf Förderung angewiesen sind, sollen gezielt durch die Schulsozialarbeiter Hilfestellungen erhalten:

- Schülern wird durch die Schulsozialarbeiter die Möglichkeit gegeben, sich auszusprechen und ein soziales Sicherungsnetz zu erarbeiten (beispielsweise in Form von Einzel- oder Gruppengesprächen).
- Das Beratungsangebot umfasst alle Probleme und Konfliktlagen der Schüler und ist somit auf einer ganzheitlichen Basis angelegt. Es können hierzu unter anderem Mediationen, Streitschlichtungen, Schulungen und Themenabende durchgeführt werden.
- Die Schulsozialarbeit stützt sich auf eine Vertrauensbasis zwischen dem Schulsozialarbeiter und dem Schüler, die die Vertraulichkeit der Gesprächsinhalte voraussetzt.
- Zudem kann das Angebot der Schulsozialarbeit nur freiwillig von den Schülern angenommen werden, ein Zwang zur Inanspruchnahme besteht nicht.
- Positiv wirkt sich die Schulsozialarbeit aus, weil sie für die Schüler unmittelbar zugänglich ist. Es muss vorab kein Antrag bei einer Behörde gestellt werden, sondern der Hilfe suchende Schüler kann direkt den Kontakt mit dem Schulsozialarbeiter herstellen.

Die Lehrkräfte werden durch die Mitwirkung von Schulsozialarbeitern entlastet, und den Schülern werden rechtzeitig Hilfestellungen geboten, sodass sowohl für die Schule, den Schüler und dessen Familie sinnvolle Lösungsansätze für den Einzelfall gefunden werden können. Immer öfter werden (zu Recht) mehr Schulsozialarbeiter an den Schulen gefordert. Dadurch, dass es Lehrkräften zeitlich nicht möglich ist, auf die individuellen Probleme eines jeden Schülers einzugehen, junge Menschen aber vor immer komplexeren Herausforderungen stehen, bietet es sich an, zumindest an jeder größeren Schule einen Schulsozialarbeiter zu beschäftigen. Da die Schulsozialarbeiter meist bei den Kommunen angestellt sind, haben die Schulen jedoch nur wenig Einfluss darauf, ob ihnen ein Schulsozialarbeiter zur Verfügung steht.

SCHULTRÄGER

Wenn es um die Frage geht, wer denn eigentlich für die Verwaltung der Schulen zuständig ist und deren Angelegenheiten regelt, ist entweder vom »Land« (Bundesland) die Rede oder es wird vom »Schulträger« gesprochen. Mit dem Schulträger ist in der Regel die Stadt und Gemeinde oder der Landkreis und die kreisfreie Stadt gemeint. Die Aufgabenbereiche vom Land und vom Schulträger sind dabei genau zu unterscheiden. Beide sind für Schulen verantwortlich, allerdings sind die Zuständigkeiten aufgeteilt.

Der Schulträger stattet die Schulen in seinem Gebiet sachlich aus. Das bedeutet, dass er die Räumlichkeiten inklusive deren Ausstattung zur Verfügung stellen muss (z. B. Ankauf/Anmietung des Schulgebäudes, Bereitstellung technischer Mittel und notwendiger Gegenstände, Regelung baulicher Angelegenheiten). Hiervon umfasst wird auch die Instandhaltung des Schulgebäudes und der schulischen Einrichtungen. In der Regel ist der Schulträger auch für das Personal der Schule verantwortlich, das nicht im Unterricht eingesetzt wird (also für das Sekretariat, den Hausmeister, die Schulsozialarbeiter und das Reinigungspersonal). Das heißt, alle Personalangelegenheiten dieses Personenkreises, beispielsweise Arbeitsverträge oder Kündigungen, werden vom Schulträger abgewickelt. Zusätzlich übernimmt der Schulträger unter anderem folgende Aufgaben:

- Namensgebung der Schule
- Ferien- und Nachmittagsbetreuungsangebote

- schulische Haushaltsangelegenheiten
- die Vergabe von schulischen Räumen an Dritte
- die Organisation von Mittagstischangeboten

Das *Land* dagegen ist für die Lehrkräfte zuständig und ist ihr Dienstherr beziehungsweise Arbeitgeber.

SCHULUNIFORM

Siehe Abschnitt: »Verbote in der Schule«, S. 190ff.

SCHULVERSUCHE

»Schulversuch« klingt erst einmal sehr experimentell. Dies kann er in Einzelfällen auch sein, es kann sich hierbei aber auch um kleinere Unterfangen handeln. Ein Schulversuch wird grundsätzlich durchgeführt, um das Schulwesen weiterzuentwickeln, um Schüler besser pädagogisch zu fördern. Es können so bestimmte

Änderungen vorab exemplarisch ausprobiert werden, bevor sie in der breiten Schulmasse umgesetzt werden. Da in keinem Bereich des Lebens ein Stillstand gewollt ist – so auch nicht im Schulwesen –, muss stets geprüft werden, ob Veränderungen notwendig werden und wie diese dann realisiert werden können. Mithilfe eines Schulversuchs können neue organisatorische Formen für den Schulunterricht und die Erziehung der Schüler gefunden, inhaltliche Änderungen angestrebt oder neue Lehrverfahren und Lehrmittel ausprobiert werden.

Zum Schuljahr 2019/2020 wurde beispielsweise in Hessen der Islamunterricht für Schüler muslimischen Glaubens als Schulversuch eingeführt, der für die Jahrgangsstufe 7 an sechs weiterführenden Schulen angeboten und zum Schuljahr 2020/2021 auf die Jahrgangsstufen 1 bis 9 ausgeweitet wurde. In Sachsen wurde im Schuljahr 2011/2012 der Schulversuch »Duale Berufsausbildung mit Abitur in Sachsen (DuBAS)« an zwei beruflichen Schulzentren begonnen. Im Rahmen dieses Versuchs wird die Berufsschule mit dem beruflichen Gymnasium verbunden, sodass die Schüler in vier Jahren sowohl die allgemeine Hochschulreife als auch einen Berufsabschluss erwerben können. In jedem Bundesland werden fortlaufend Schulversuche geplant und durchgeführt. Eine Schule kann sich allerdings nicht eigenständig dafür entscheiden, einen Schulversuch umzusetzen. Hierzu ist die Genehmigung durch die Schulaufsicht notwendig.

SCHULWECHSEL

Es kann im Einzelfall vorkommen, dass sich Eltern oder Schüler für einen Schulwechsel entscheiden. Dieser Entscheidung können verschiedene Ursachen zugrunde liegen. Beispielsweise könnte ein Schulwechsel nach einem Umzug der Eltern nötig sein, oder ein Schulverweis wurde ausgesprochen oder der Schüler hat an der neuen Schule Freundschaften geschlossen. Meist kommen in diesem Zusammenhang zwei (potenzielle) Hindernisse auf. Zum einen stellen sich Eltern die Frage, ob die neue Schule den Schüler zwingend aufnehmen muss. Wie so oft, kommt es auf den Einzelfall an. Wenn es sich um eine weiterführende Schule handelt (Gymnasium, berufliche Schule, Realschule etc.), kann die Schule grundsätzlich frei ausgesucht werden. Wenn allerdings die Kapazitäten der Schule bereits ausgeschöpft sind, haben Eltern dennoch keinen Anspruch darauf, dass die Schule ihr Kind aufnimmt. Wenn ein Schüler die Grundschule wechseln möchte, müssten Eltern auch einen Wechsel des Grundschulbezirks beantragen (siehe Abschnitt »Grundschule«, S. 96), da das Kind grundsätzlich die örtliche Grundschule im jeweiligen Schulbezirk besuchen muss. Der Antrag erübrigt sich natürlich, wenn die Eltern in den Grundschulbezirk der neuen Grundschule umziehen.

Ebenso fragen sich Eltern (und auch manche Schulleitungen), ob und welche Informationen über den Schüler von der alten an die neue Schule übermittelt werden dürfen. Selbstverständlich können grundlegende Daten (Name, Geburtstag, Adresse, Klassenstufe, Leistungsstand etc.) weitergegeben werden, da die aufnehmende Schule eine Schülerakte für den Schüler anlegen muss (siehe Abschnitt »Akten«, S. 42f.). Falls gegen den Schüler an der vorherigen Schule Erziehungs- und Ordnungsmaßnahmen verhängt worden waren, ist es oftmals fraglich, ob die Schulleitungen sich hierüber austauschen dürfen. Die neue Schule darf lediglich die Daten erhalten, die sie zwingend benötigt, um den Schüler als Schüler aufnehmen zu können und organisatorisch in den Schulalltag einzugliedern. Hierzu braucht sie keine umfassende Auskunft über vergangene Erziehungs- und Ordnungsmaßnahmen. Eine Weitergabe dieser Informationen ohne die Einwilligung des Schülers beziehungsweise seiner Eltern wäre daher rechtlich nicht zulässig.

SITZORDNUNG

Die Sitzordnung in der Schule ist für Schüler oft von besonderer Bedeutung. Für sie ist es in der Regel wichtig, dass ihr bester Freund oder ihre beste Freundin ihr Banknachbar ist oder sie möglichst unauffällig hinten im Klassenzimmer sitzen, um nicht allzu oft im Unterricht drangenommen zu werden.

Oft müssen Lehrkräfte eingreifen und die Sitzordnung abändern, um »Quatsch-Partner« voneinander zu trennen oder leistungsschwache Schüler besser unterstützen zu können. Gegen eine solche Entscheidung der Lehrkraft können sich Eltern lediglich mit einer Beschwerde wehren (siehe Abschnitt »Beschwerde«, S. 57ff.), da es sich hierbei um keinen Verwaltungsakt handelt.

> **PRAXISHINWEIS**
>
> Auch hier stellt sich die Frage, ob es sinnvoll ist, bei (niederschwelligen) Konflikten im Hinblick auf die Sitzordnung gleich zu einem Rechtsbehelf zu greifen, oder ob es nicht besser ist, zunächst das persönliche Gespräch zu suchen. Es bietet sich an, solche Probleme im kleinen Kreis zu klären, sodass eine schnelle und unkomplizierte Lösung für alle Beteiligten gefunden werden kann.

SPENDEN & SPONSORING

Infolge der begrenzten Finanzen der öffentlichen Hand und des hieraus resultierenden knappen Budgets für die Schulen werden in der Schule gern Spenden oder Sponsoring-Angebote von außenstehenden Personen oder Unternehmen angenommen. »Spenden« und »Sponsoring« sind dabei begrifflich voneinander zu trennen. Während unter Spenden Zuwendungen an die Schulen zu verstehen sind, für die sie keine Gegenleistung erbringen muss, kommt beim Sponsoring Werbung für den Sponsor hinzu. Die Leistungen an die Schule müssen dabei nicht zwingend in Form von Geld erfolgen, sondern es können hierunter auch Sachmittel (z. B. PC-Ausstattung, Bücher) oder Dienstleistungen (handwerkliche Arbeiten, Ehrenamt etc.) fallen.

PRAXISHINWEIS

In den vergangenen Jahren stellte der Einsatz von Schulfotografen ein rechtlich brisantes Thema dar. Die Schulen hatten vom jeweiligen Fotografen eine Zuwendung erhalten. Beliebt war hierbei die Erstellung von Schülerausweisen durch den Schulfotografen. Im Gegenzug durfte dieser dann Klassenbilder und Einzelfotos der Schüler anfertigen und verkaufen. Die Schule hat für die Aufnahmen der Bilder die organisatorischen Gegebenheiten gestellt und den Verkauf der Bilder organisiert. Stellt man sich dieses Szenario für eine größere Schule vor, so kommt ein ziemlich hoher Betrag zusammen, den der Fotograf durch den Verkauf der Bilder einnehmen konnte. Solche Aufträge waren also höchst lukrativ.

Neben der datenschutzrechtlichen Problematik (siehe Abschnitt »Datenschutz«, S. 64ff.), nämlich dass ohne Einwilligung der Eltern die Schüler überhaupt nicht fotografiert werden dürfen, trägt der Verkauf von Fotos auch nicht zum Bildungs- und Erziehungsauftrag der Schule bei und ist daher rechtlich nicht zulässig. Schulleitungen, die weiterhin Schulfotografen eine solche Plattform bieten und hierfür Zuwendungen annehmen, könnten sich sogar der strafbaren Vorteilsannahme beziehungsweise der Bestechlichkeit schuldig machen. Hier ist höchste Vorsicht geboten!

Insbesondere das Sponsoring an der Schule ist kritisch zu hinterfragen. Da Schüler unmittelbar mit der Werbung des Sponsors konfrontiert werden, kann sie auf die Schüler sehr einnehmend wirken. Das Produkt oder die Dienstleistung des Sponsors muss daher mit dem Bildungs- und Erziehungsauftrag der Schule vereinbar sein. Ein Hersteller von Zigaretten, der Werbeplakate in der Schule aufhängen möchte, würde folglich als Sponsor ausscheiden. Ein kleines Banner einer örtlichen Bank, die die Schule beim Schulfest finanziell unterstützt hat, sollte dagegen keinen Einwänden begegnen. Oftmals werden auch Trikots der Schulmannschaften bezuschusst, wenn ein kleines Logo des Sponsoring-Partners darauf abgedruckt wird. Ebenso wären fachliche Experten aus Unternehmen, die im Unterricht zu einem bestimmten Thema referieren, unproblematisch. Der werbende Anteil sollte aber insgesamt immer zurückhaltend gestaltet sein. Wann dies der Fall ist, und wo die rechtliche Grenze zu ziehen ist, lässt sich nur im Einzelfall bestimmen. Die Schule sollte sich auf jeden Fall zwingend vor einer Sponsoring-Partnerschaft mit der Schulaufsichtsbehörde abstimmen.

SPRACHE

Infolge der kulturellen Vielfalt an den Schulen gibt es ein breites Spektrum an Sprachen, die auf den Schulhöfen gesprochen werden. Es sind diesbezüglich keine Regelungen in den Schulgesetzen enthalten, die eine bestimmte Sprache auf dem Schulgelände vorgeben. Es steht jedem Schüler also frei, in den Pausen seine Muttersprache oder andere Fremdsprachen zu gebrauchen. Der Unterricht wird hingegen in der deutschen Sprache abgehalten. Abweichend hiervon werden in den Vorbereitungsklassen für zugezogene Schüler andere Sprachen benutzt, da diese die deutsche Sprache erst noch erlernen müssen. Auch wird der Unterricht in bilingualen Klassen teilweise oder vollständig in einer Fremdsprache durchgeführt.

> **PRAXISHINWEIS**
>
> Manchmal ergibt sich das Problem, dass die Eltern eines Kindes Schwierigkeiten mit der deutschen Sprache haben und deswegen auch die Kommunikation mit der Klassenlehrkraft, beispielsweise an den Elternsprechtagen, nicht reibungslos abläuft. Meist wird dann das Kind hinzugezogen und nimmt die Rolle eines Dolmetschers ein. Diese Lösung ist jedoch ungünstig, da die Übersetzungen des Kindes von der Schule und seinen Eltern nicht kontrolliert werden können. Wenn beispielsweise ein Fehlverhalten oder schlechte Leistungen des Kindes besprochen werden, könnte das Kind auf die Idee kommen, den Sachverhalt etwas zu »optimieren«. Daher sollten die Kinder in solchen Fällen möglichst nicht eingebunden werden – auch, um sie nicht in eine schwierige Lage zu bringen. Sollten die Eltern eine Person stellen können, die übersetzt (z. B. einen Verwandten oder Freund der Familie), wäre diese Variante definitiv zu bevorzugen.

STRAFTATEN VON SCHÜLERN

Ab und an kommt es in der Schule zu Verhaltensweisen von Schülern, die nicht nur von den Lehrkräften und der Schulleitung geahndet werden müssen, sondern sogar so schwer wiegen, dass sie einen Straftatbestand des Strafgesetzbuches (StGB) erfüllen. Schulleitungen und Lehrkräfte stellen sich dann die Frage, ob sie Informationen hierzu an die Polizei weitergeben können – oder sogar müssen. Im Strafgesetzbuch, genauer gesagt in § 138 StGB, findet sich eine Aufzählung zahlreicher Straftaten, die angezeigt werden müssen. Das heißt, sobald eine Person von der Planung oder Durchführung einer dieser Straftaten erfährt, ist sie verpflichtet, sich rechtzeitig bei der Polizei zu melden und von der Straftat zu berichten. Zu den Straftaten, bei denen eine Anzeige zwingend notwendig ist, gehören unter anderem Mord, Totschlag, Raub und räuberische Erpressung. Wenn eine Lehrkraft durch einen Mitschüler also die Information erhält, dass ein anderer Schüler eine schwere Straftat geplant hat, müsste sie diese Information an die Schulleitung weitergeben, welche wiederum die Polizei einschaltet.

Wenn keine schwere Straftat vorliegt, darf die Lehrkraft oder Schulleitung eigenständig entscheiden, ob sie Informationen hierzu an die Polizei weiterleitet. Je nachdem, wie schwerwiegend die Tat ist, sollte bei ernsten Straftaten (schwere Körperverletzung, erhebliche Sachbeschädigung, Handel mit Drogen) die Polizei einbezogen und die Schüler jugendstrafrechtlich zur Verantwortung gezogen werden. Bei einem leichteren Fehlverhalten ist es dagegen ausreichend, wenn die Schulen mit Erziehungs- und Ordnungsmaßnahmen reagieren (siehe Abschnitt »Erziehungs- und Ordnungsmaßnahmen«, S. 75f.). Hierbei können pädagogische Reaktionen erfolgen (Gespräch mit dem Schüler und seinen Eltern, Konfliktgespräche etc.) oder Ordnungsmaßnahmen ergriffen werden (z. B. zeitweiliger Ausschluss vom Unterricht, Überweisung in die Parallelklasse, dauerhafter Schulausschluss).

STUNDENPLAN

Der Stundenplan für das aktuelle Schuljahr wird von den Schülern am ersten Unterrichtstag bereits mit Spannung erwartet; sei es, um endlich zu wissen, wie lange und wie oft sie nachmittags in der Schule bleiben müssen oder ob der Montag gleich mit einer Doppelstunde Mathematik beginnt.

Die Schulleitung koordiniert in Zusammenarbeit mit der stellvertretenden Schulleitung die Erstellung des Stundenplans während der Sommerferien. Auf jeden Fall muss der jeweilige Stundenplan einer Klasse den lehrplanmäßigen Unterricht (siehe Abschnitt »Lehrplan«, S. 119) abdecken. Daneben werden – im Rahmen des Möglichen – auch pädagogische Aspekte berücksichtigt, beispielsweise, dass der Mathematikunterricht nicht unbedingt in der 7./8. Unterrichtsstunde direkt nach dem Sportunterricht stattfindet. Wenn Lehrkräfte während des Schuljahres krankheitsbedingt ausfallen oder bestimmte Räumlichkeiten außerplanmäßig nicht zur Verfügung stehen, können sich Änderungen des Stundenplans natürlich auch noch nachträglich ergeben. Diese werden dann kurzfristig von den Klassenlehrkräften mitgeteilt.

PRAXISHINWEIS

Sie können sich vorstellen, dass es gar nicht so einfach ist, in einer größeren Schule einen für jede Klasse sinnvollen und gleichermaßen befriedigenden Stundenplan zu schaffen. Die Schulen verwenden daher in der Regel eine spezielle Stundenplan-Software.

TÄUSCHUNG (»SPICKEN«)

Es gibt sie in zahlreichen Formen und Varianten: die Täuschungsmöglichkeiten in Prüfungen. Von mit mathematischen Formeln bedruckten Bleistiften über das eingesteckte Handy in der Hosentasche bis hin zum altmodischen Spickzettel ist vieles denkbar. Der Fantasie der Schüler sind dabei keine Grenzen gesetzt. Ob sich der Täuschungsversuch lohnt, ist wohl in den meisten Fällen davon abhängig, ob der Schüler erwischt wird. Täuschungen oder auch nur versuchte Täuschungen werden nämlich streng sanktioniert. Eine Täuschung liegt vor, wenn der Schüler während einer Prüfung ein nicht zugelassenes Hilfsmittel benutzt oder mit sich führt. Bei der ersten Variante wird das Hilfsmittel aktiv verwendet (z. B. wenn sich der Schüler seinen Spickzettel in der Klausur durchliest), während beim zweiten Szenario der Schüler das Hilfsmittel lediglich in der Prüfung dabeihat (z. B. wenn der Spickzettel in der Hosentasche steckt, aber nicht herausgeholt wird). Auch wenn man meinen könnte, dass der Schüler ja den Spickzettel bewusst in der Hosentasche gelassen und eben nicht verwendet hat, sind beide Konstellationen als Täuschung anzusehen.

PRAXISHINWEIS

Es ist schön, wenn sich die Schüler untereinander aushelfen und gegenseitig unterstützen. Das sollten sie jedoch nicht bei Prüfungen tun, da hier jeder Schüler seine eigenen Leistungen abrufen und unter Beweis stellen muss. Sollte ein Schüler daher in einer Prüfung seinem Mitschüler helfen, dann könnte das für ihn negative Folgen haben. Ein Schüler, der einen Mitschüler abschreiben lässt oder ihm auf andere Art und Weise bei Prüfungen hilft, kann in den meisten Fällen, beispielsweise bei einem Test oder einer Klassenarbeit, nicht selbst wegen einer Täuschung zur Verantwortung gezogen werden. Lediglich der Schüler, der aktiv bei seinem Mitschüler abschreibt, begeht eine Täuschung und muss mit den oben beschriebenen Konsequenzen rechnen. Da die Unterstützung eines Mitschülers nicht als Täuschung anzusehen ist, können die Lehrkräfte die hilfsbereiten Schüler nicht sanktionieren. Anders sieht das im Rahmen der Abschlussprüfungen (Abiturprüfung, Realschulprüfung etc.) aus. Diesbezüglich ist geregelt, dass auch die Beihilfe zu einer Täuschung oder einem Täuschungsversuch als Täuschung anzusehen ist. Im Zweifel sollten sich die Schüler also besser im Vorfeld der Prüfung behilflich sein und nicht in der Prüfung selbst.

Im Falle eines Täuschungsversuchs oder einer bereits abgeschlossenen Täuschung durch einen Schüler stehen den Lehrkräften verschiedene Reaktionsmöglichkeiten zu. Es kommt hierbei auf den Schweregrad der Täuschung an. Zur Bewertung des Grades kann auch die Prüfungsarbeit herangezogen werden. Zulässig wäre ein Notenabzug oder die Forderung, dass der Schüler die Arbeit nachschreiben muss. Sollte die Lehrkraft nicht genau nachweisen können, wie hoch der Umfang des Bearbeitungsteils ist, den der Schüler mithilfe der Täuschung erstellt hat, bietet sich die Option des Nachschreibens besonders an. Wenn eine schwere oder wiederholte Täuschung gegeben ist, steht es der Lehrkraft frei, die Note 6 zu erteilen. Eine Täuschung ist beispielsweise dann als »schwer« zu werten, wenn der Schüler sein Hilfsmittel aktiv verwendet hat (und nicht nur in der Hosentasche stecken hat lassen) und der Schüler bei der Entdeckung der Täuschung seine Arbeit fast fertiggestellt hatte. In diesem Szenario hat sich der Schüler bewusst dafür entschieden, seinen Spickzettel zu verwenden und sich einen im Vergleich zu seinen Mitschülern ungerechtfertigten Vorteil zu verschaffen.

TOILETTENGANG

In einem Buch, in dem es um die schulischen Rechte und Pflichten geht, darf auch die wahrscheinlich am häufigsten gestellte Frage nicht fehlen. Diese beschäftigt sich mit dem Toilettengang der Schüler. Um es kurz zu machen: Jeder Schüler darf während der Unterrichtszeit die Toilette aufsuchen. Zwar wird es in der Praxis ab und an Schüler geben, die dies ausnutzen, um Videos auf dem Handy zu schauen oder frische Luft zu schnappen. Aber es ist selbst der aufmerksamsten Lehrkraft nicht möglich, dies dem Schüler vorher anzusehen oder mit Sicherheit festzustellen, zu welchem Zweck der Schüler nun das Klassenzimmer verlässt.

UNTERRICHTSAUSFALL

Ärgerlich – meist weniger für die Schüler als für die Eltern – ist der Ausfall von Unterricht. Wenn eine Lehrkraft abwesend ist und während ihrer Abwesenheit nicht kurzfristig anderweitig vertreten werden kann, kann es zu Unterrichtsausfällen kommen. Unterrichtsausfälle während des Schuljahres sind in der Regel bedingt durch (längere) Krankheiten, Mutterschutz- und Elternzeiten sowie die Teilnahme von Lehrkräften an Fortbildungen und außerunterrichtlichen Veranstaltungen (z. B. bei Schullandheim- und Klassenfahrten).

Wenn eine Lehrkraft ausfällt, muss die Schulleitung so gut wie möglich diesen Ausfall ausgleichen, beispielsweise, indem sie anderen Lehrkräften die Vertretung einzelner Unterrichtsstunden auferlegt. Es besteht die Möglichkeit, dass Lehrkräfte für einen bestimmten Zeitraum mehr Unterrichtsstunden als üblich erteilen und hierdurch Mehrarbeit leisten. Diese Mehrarbeit muss jedoch wieder zeitnah abgebaut werden, um die angefallenen »Überstunden« auszugleichen, sodass von dieser Option nicht grenzenlos Gebrauch gemacht werden kann. Längere Ausfälle von Lehrkräften – etwa Elternzeiten – werden in der Praxis durch die befristete Einstellung von Lehrkräften kompensiert.

Grundsätzlich haben Schüler oder Eltern keinen Anspruch auf die Durchführung der Unterrichtsstunden, so wie sie am Anfang des Schuljahres von der jeweiligen Lehrkraft geplant und im Lehrplan vorgesehen sind. Es besteht daher kein Anspruch darauf, dass die ausgefallenen Unterrichtsstunden vollumfassend vertreten oder nachgeholt werden. Die Schule selbst als auch die Schulaufsichtsbehörden arbeiten aktiv an der Vermeidung von Unterrichtsausfällen, beispielsweise durch die zunehmende Einstellung von Lehrkräften.

Problematisch wird es für Schüler, wenn beispielsweise der Mathematikunterricht für zwei Wochen ersatzlos ausgefallen ist und die nächste Klassenarbeit schon in den Startlöchern steht. Der Unterrichtsstoff, der in diesen zwei Wochen vermittelt worden wäre, fehlt ihnen also. Die Lehrkräfte sind zwar bemüht, den entfallenen Unterrichtsstoff in den anschließenden Unterrichtsstunden aufzuarbeiten, dennoch kann das häufig nicht gleichwertig erfolgen. Das liegt daran, dass die Lehrkräfte bereits zu Beginn des Schuljahres ihre Unterrichtsinhalte auf die im Schuljahr zur Verfügung stehenden Unterrichtsstunden verteilen und bei einem längerfristigen Ausfall nur einen relativ geringen Handlungsspielraum besitzen, andere Themen zu kürzen, um die verpassten Unterrichtsinhalte nachzuholen. In dem Klassenarbeitsszenario bestehen dann zwei Möglichkeiten: Entweder holt die Lehrkraft die verpassten Unterrichtsinhalte nach und verschiebt die Klassenarbeit. Alternativ ändert sie die Klassenarbeit dahingehend ab, dass sie nur den Unterrichtsstoff abfragt, der tatsächlich den Schülern vermittelt worden ist. Keine Option ist es, den Schülern das Lesen bestimmter Abschnitte im Mathematikbuch aufzugeben und sie dann – ohne weitere Erklärungen oder Nachfragemöglichkeit seitens der Schüler – abzufragen. Sofern also Unterricht ausgefallen ist, darf dies nicht einseitig zulasten der Schüler gehen.

UNTERRICHTSBESUCHE

Zugegeben, ein bisschen erstaunt war ich schon, als ich bei meiner Recherche zu diesem Buch feststellte, dass es in manchen Bundesländern für Eltern möglich ist, am Unterricht des eigenen Kindes teilzunehmen. Natürlich dürfen sie nicht jede einzelne Schulstunde besuchen, aber beispielsweise in Berlin, Nordrhein-Westfalen und Rheinland-Pfalz wird es Eltern gestattet, in den Schulen zu hospitieren. Die Lehrkräfte dürfen dabei nicht beim Unterrichten gestört werden. Daneben ist es nicht erlaubt, dass Eltern Informationen weitergeben, die sie im Unterricht mitbekommen haben. Wenn also ein bestimmter Mitschüler wieder einmal einen Tadel von der Lehrkraft erhalten hat, geht das weder die Nachbarin noch die Elternschaft der Parallelklasse etwas an. Die Anzahl der Eltern-Unterrichtsbesuche ist begrenzt. Eltern können außerdem nicht unaufgefordert mit ihrem Kind zur Unterrichtsstunde erscheinen, sondern der Zeitpunkt des Unterrichtsbesuches muss vorab mit der Lehrkraft abgestimmt werden. Eine Teilnahme ist – dies dürfte selbstverständlich sein – auch nicht an den Tagen zulässig, an denen Klausuren geschrieben oder Prüfungen abgelegt werden.

> **PRAXISHINWEIS**
>
> Diese Regelung klingt vielleicht auf den ersten Blick für Eltern himmlisch. Endlich können sie mal schauen, wie sich das eigene Kind im Unterricht verhält und was eigentlich die Lehrkraft während der Unterrichtsstunde so macht. Allerdings sollte man sich vorab fragen, ob und wie sinnvoll dieser Unterrichtsbesuch ist. Insbesondere sollten Überlegungen angestellt werden, was der eigentliche Zweck sein soll. Das Kind wird sich in Anwesenheit der Eltern in der Regel nicht danebenbenehmen, und die Lehrkraft wird sich extra viel Mühe geben, um den Ansprüchen der Eltern gerecht zu werden. Vielleicht wird also das Ergebnis des Besuchs keine großen neuen Erkenntnisse bringen.

URHEBERRECHT

Im Unterricht oder in Arbeitsgemeinschaften fertigen Schüler oftmals Kunstwerke an, schreiben Aufsätze oder stellen Fotos her. Häufig stellt sich dann die Frage, wem die Ergebnisse ihrer Arbeit zustehen. Der Schule oder dem Schüler?

Antwort: Die Nutzungs- und Verwertungsrechte für die erzeugten Bilder, Fotos oder Schriftwerke fallen nicht automatisch der Schule zu, nur weil sie in der Schule entstanden sind. Vielmehr sind die Schüler im rechtlichen Sinne als sogenannte »Urheber« ihrer Werke anzusehen, also stehen ihnen bestimmte Rechte zu, die vom Urheberrechtsgesetz (UrhG) gewährleistet werden. Allerdings ist nicht jedes Werk als Werk im Sinne des Urheberrechts anzusehen. Gemeint sind vielmehr unter anderem

- Literatur- und Schriftwerke (Bücher, Romane, Aufsätze, Textinterpretationen, Erörterungen etc.)
- kreative Leistungen (beispielsweise aus dem Kunstunterricht)

- Reden und Vorträge (z. B. im Deutsch- oder Ethikunterricht)
- Filme (beispielsweise durch die Schüler hergestellte Videos)
- Musik
- Lichtbildwerke (hierbei handelt es sich – vereinfacht ausgedrückt – um besonders originelle Fotos, z. B. ein speziell in Szene gesetztes Porträtfoto)

Aufgrund des (eher geringen) Kreativitätsgrades fallen hingegen Kritzeleien oder Tabellen mit Daten und auch Klausurbearbeitungen nicht unter die urheberrechtliche Definition eines Werkes.

PRAXISHINWEIS

Sollte die Schule die Werke Ihres Kindes auf irgendeine Art verwenden wollen (z. B. im Rahmen einer Ausstellung im Schulgebäude oder für eine Veröffentlichung auf der Homepage der Schule), muss sie die Nutzungsrechte bei Ihrem Kind und Ihnen als gesetzlichem Vertreter vorab einholen. Die Einwilligung wird dabei meist in Form einer schriftlichen Einverständniserklärung erteilt.

VERBOTE IN DER SCHULE

Häufig ist in der Zeitung zu lesen, dass sich eine Schule für ein Verbot bestimmter Kleidung, Energydrinks oder Handys einsetzt. Getreu dem Motto »Wer hat hier die Hosen an?« wird dann munter zwischen Schülern, Eltern und Lehrkräften diskutiert, ob diese Verbote auch wirklich Sinn machen. Klar ist, dass sie meist eine erhebliche Unruhe bei den Schülern hervorrufen. Auch das Meinungsbild der Eltern ist oft vielfältig: Von weitläufiger Zustimmung bis zu enormer Ablehnung mit dem Verweis auf die Rechte der Schüler ist die Bandbreite sehr groß.

Solche Verbote werden gewöhnlich in der Hausordnung der Schule konkretisiert. Nicht alle Verbote sind jedoch rechtlich auch umsetzbar. Es sind bei diesbezüglichen Regelungen die im Grundgesetz (GG) verankerten Grundrechte der Schüler zu beachten, die den Schülern ebenfalls in der Schule zustehen (siehe Abschnitt »Grundrechte«, S. 95f.). Durch eine Beschränkung des Kleidungsstils, des Trinkens von Energydrinks und der Mitnahme von Handys in die Schule wird in die Grundrechte der Schüler eingegriffen. Betroffen sind das Grundrecht der allgemeinen Handlungsfreiheit, das Recht auf die freie Entfaltung der Persönlichkeit sowie die Meinungsfreiheit. Das Grundgesetz regelt bei jedem Grundrecht die inhaltlichen Voraussetzungen, nach denen ein Grundrecht eingeschränkt werden darf. Als wesentliche Bedingung für einen Eingriff muss ein Gesetz oder eine auf einem Gesetz basierende Rechtsverordnung vorliegen.

In den meisten Schulgesetzen finden sich Passagen, die die Schulen dazu befähigen, einzelne Anordnungen gegenüber Schülern zu erlassen. Auf der Basis dieser gesetzlichen Befugnis darf eine Schule beispielsweise Haus- und Nutzungsordnungen formulieren und Verbote und Anweisungen an die Schüler richten. Aber: Diese Anweisungen und Verbote müssen auch zwingend notwendig sein, um den schulischen Bildungs- und Erziehungsauftrag umzusetzen. Es reicht nicht aus, dass die Schule diese als sinnvoll erachtet. Fraglich ist daher, wie weitgehend Verbote und Anordnungen ausgesprochen werden dürfen und wo die rechtliche Grenze zu ziehen ist.

- Durch bestimmte Kleidungsarten, etwa wenn die Kleidung Beleidigungen oder verfassungsfeindliche Inhalte abbildet, wird in jedem Fall die erfolgreiche Umsetzung des Bildungs- und Erziehungsauftrages gefährdet. T-Shirts mit entsprechenden Aufschriften dürfen also von der Schule verboten werden. Auch wäre eine Einschränkung der Grundrechte durch verfassungsrechtliche Eingriffsmöglichkeiten gerechtfertigt, beispielsweise wenn die Aufschrift oder die Symbole der Kleidung einen Straftatbestand erfüllen. Ein Verbot von Jogginghosen ergibt sich daraus allerdings nicht. Die Schüler können ebenso in Jogginghosen erfolgreich die Schule besuchen. Allenfalls wenn diese stark verschmutzt sind (und hierdurch die Schule verunreinigt wird), könnte sich eine anderweitige rechtliche Bewertung ergeben. Aber dies wird wohl nur in sehr wenigen Fällen gegeben sein.

- Aus sicherheitstechnischen Gründen könnten Kleidungsverbote notwendig sein, etwa wenn die Kleidung für den Sportunterricht nicht geeignet ist und ein Verletzungsrisiko birgt (z. B. zottelige T-Shirts, sehr weite Hosen).

- Eine etwas freizügigere Kleidung kann nicht untersagt werden. Durch tief ausgeschnittene Tops oder kurze Miniröcke wird nicht unmittelbar der Bildungs- und Erziehungsauftrag der Schule verletzt. Sicher mag es die eine oder andere Person geben, die diesen Kleidungsstil nicht gutheißen wird, dennoch sind hier allenfalls moralische Ansprüche einzelner Personen betroffen, die jedoch kein Verbot rechtfertigen.

- Auch ein generelles Handyverbot darf nicht ausgesprochen werden. Eltern können ein berechtigtes Interesse haben, ihre Kinder auch in der Schule – beispielsweise in Notfällen – telefonisch erreichen zu können. Lediglich eine Nutzung der Handys im Unterricht kann unterbunden werden, da sie im Unterricht störend sind. Die Handys dürfen folglich mitgebracht, jedoch nur außerhalb der Unterrichtszeiten verwendet werden (siehe auch Abschnitt »Handys«, S. 101f.).

- Mützen, Caps oder (übergezogene) Kapuzenpullover sind hingegen im Unterrichtsraum nicht notwendig und können den Unterricht durchaus stören, etwa wenn die Schüler die Mütze so tief ins Gesicht ziehen, dass die Lehrkraft keinerlei Mimik oder Mitwirkung im Unterricht erkennen kann (oder ob der Schüler überhaupt noch wach ist).

- Auch nach dem Konsum von Energydrinks können Schüler regulär am Unterricht teilnehmen und diesem folgen. Gegebenenfalls könnte dies anders gesehen werden, wenn sich die Schüler nach dem Trinken durch ein aufmüpfiges oder hibbeliges Verhalten gänzlich danebenbenehmen. Rechtlich würde sich ein Verbot dennoch auf sehr dünnem Eis bewegen.

PRAXISHINWEIS

Auch die Notwendigkeit der Einführung von Schuluniformen an öffentlichen Schulen wurde zeitweise in der Öffentlichkeit mal mehr, mal weniger diskutiert. Ob Schuluniformen aus gesellschaftlichen oder pädagogischen Gründen erforderlich sind, sei an dieser Stelle offengelassen. Auf jeden Fall findet sich in den geltenden Schulgesetzen für die Einführung von Schuluniformen oder verbindlich festgelegter Schulkleidung keine rechtliche Grundlage.

VERHALTENSNOTEN

Siehe Abschnitt »Kopfnoten«, S. 116

VERLORENES SCHULZEUGNIS

Jedes Elternteil kennt das: Das Kind hat einen Gegenstand verloren oder ein wichtiges Dokument findet sich einfach nirgendwo wieder. Bei einem schulischen Abgangszeugnis (beispielsweise dem Zeugnis der Klassenstufe 10 der Realschule oder dem Abiturzeugnis) ist das besonders ärgerlich, da das Zeugnis noch für Bewerbungen benötigt wird. Aus diesem Grund ist es möglich, ein sogenanntes Ersatzzeugnis bei der ehemaligen Schule zu beantragen. Eltern oder der (volljährige) Schüler wenden sich hierzu direkt an die Schule, die gegen die Zahlung einer Verwaltungsgebühr das Zeugnis erneut ausstellt.

VERSCHWIEGENHEIT

Pssst – nicht weitererzählen! Personen, die im öffentlichen Dienst tätig sind, dürfen sich nur begrenzt über berufliche Themen mit Dritten austauschen und müssen hierbei einige Dinge beachten. Lehrkräfte, Schulleitungen oder auch das Schulsekretariat erfahren im schulischen Alltag eine Vielzahl (interessanter) Informationen über ihre Schüler. Von Krankheitstagen und Fehlzeiten über Noten bis hin zu privaten Angelegenheiten der Schüler, die diese in der Schule ihren Lehrkräften anvertrauen, ist vieles denkbar. Daher liegt es auf der Hand, dass diese Informationen nicht einfach vom Schulpersonal an andere Personen, beispielsweise an das familiäre Umfeld oder an Freunde und Bekannte, weitergegeben werden dürfen. Eine Lehrkraft darf folglich nicht in seinem Heimatdorf ausplaudern, welche Schüler besonders gute Leistungen zeigen und welche nicht. Diese Pflicht besteht sogar nicht nur während der aktiven Zeit im öffentlichen Dienst, sondern darüber hinaus auch als Pensionär oder Rentner und gilt für das gesamte Schulpersonal – Lehrkräfte, Schulleitungen, das Schulsekretariat und die Hausmeister. Es gibt nur wenige Ausnahmen von der Verschwiegenheitspflicht: Es dürfen Informationen gestreut werden, von denen bereits die Allgemeinheit erfahren hat oder die keiner Geheimhaltung bedürfen (zum Beispiel, dass ein Schüler zum Schülersprecher gewählt wurde).

Eine Ausnahme von der Verschwiegenheitspflicht wird zudem bei Aussagen vor einem Gericht gemacht. Lehrkräfte und Schulleitungen können vor einem Gericht von internen schulischen Angelegenheiten berichten, wenn sie vorher bei der Schulaufsicht eine Aussagegenehmigung beantragt haben. Beispielsweise kann eine Schulleitung eine Aussage als Zeuge vor dem Amtsgericht tätigen, wenn die Verhängung eines Bußgeldes gegenüber Eltern wegen der Schulsäumnis ihres Kindes im Raum steht. Auch können Lehrkräfte Straftaten, von denen sie Kenntnis erlangen, zur Anzeige bringen. Auch hier darf der Grundsatz der Verschwiegenheitspflicht durchbrochen werden (siehe Abschnitt »Straftaten von Schülern«, S. 181).

PRAXISHINWEIS

Im Übrigen müssen ebenfalls Elternvertreter die ihnen in diesem Amt bekannt gewordenen Informationen vertraulich behandeln. Diese Verpflichtung müssen sie auch nach der Abgabe der Funktion weiter beachten.

VERSETZUNG

Das wichtigste Ziel eines Schülers stellt vor dem erfolgreichen Schulabschluss die Versetzung in die nächsthöhere Klassenstufe dar. Klar ist, dass die Versetzung nur gelingt, wenn die Leistungen des Schülers hierfür gut genug sind. Die Versetzungsordnungen der jeweiligen Bundesländer regeln detailliert für die einzelnen Schularten die Notenanforderungen, die eine Versetzung ermöglichen. Für die Versetzung spielt teilweise die Unterscheidung zwischen sogenannten Kernfächern (z. B. Deutsch, Mathematik, Englisch) und anderen Fächern (beispielsweise Biologie, Chemie, Kunst) eine entscheidende Rolle. Die Noten in den Kernfächern werden bei der Versetzung dabei besonders berücksichtigt. In einigen Bundesländern können schlechtere Noten in bestimmten Fächern durch bessere Leistungen in anderen Unterrichtsfächern ausgeglichen werden, sodass im Einzelfall noch eine Versetzung ermöglicht werden kann. Da die Versetzungsregelungen in den Bundesländern sehr unterschiedlich (und kleinteilig) gestaltet sind, bietet es sich für Eltern an, frühzeitig das Gespräch mit der Klassenlehrkraft oder der Schulleitung zu suchen, wenn sie unsicher sind, ob das Notenbild ihres Kindes für eine Versetzung ausreicht.

Die Versetzungsentscheidung stellt einen Verwaltungsakt dar und kann durch einen Widerspruch (siehe Abschnitt »Widerspruch«, S. 202ff.) rechtlich überprüft werden. Wenn ein Schüler nicht versetzt wurde und der Schüler (beziehungsweise seine Eltern) jedoch eine Versetzung für richtig halten, hilft der Widerspruch dennoch nicht unmittelbar weiter. Durch die Einlegung des Widerspruches wird nicht zugleich die Versetzung erlangt. In dieser Situation müsste ein sogenanntes gerichtliches Eilverfahren eingeleitet werden, da die Sommerferien lediglich sechs Wochen andauern und bis zum Unterrichtsbeginn des neuen Schuljahres feststehen sollte, wie es mit dem Schüler weitergeht. Ein Verwaltungsgericht würde innerhalb des Eilverfahrens die Rechtmäßigkeit der ausgebliebenen Versetzung überprüfen. Sollte der Schüler hierbei erfolgreich sein, kann er nach den Sommerferien am Unterricht der nächsthöheren Klassenstufe teilnehmen. Anderenfalls müsste er die Klasse wiederholen.

PRAXISHINWEIS

In diversen schulrechtlichen Regelungen finden sich Vorgaben, die die Schulen dazu anhalten, die Eltern durch einen »blauen Brief« zu informieren, falls bei einem Schüler nicht klar ist, ob er am Ende des Schuljahres versetzt wird. Beispielsweise ist im nordrhein-westfälischen Schulgesetz festgelegt, dass die Schule die Eltern schriftlich zu benachrichtigen hat, sollte die Versetzung eines Schülers gefährdet sein. Eltern könnten durch solche Vorschriften den Eindruck gewinnen, dass im Falle einer ausbleibenden Information durch die Schule ihr Kind zwingend versetzt werden muss. Die Schule ist schließlich ihrer Pflicht nicht nachgekommen. Das ist jedoch ein Irrtum. Aus der Nachlässigkeit der Schule kann keine Versetzung hergeleitet werden. Zudem erhalten Eltern bereits durch die Halbjahresinformation einen Überblick über die Leistungen ihres Kindes und können sich daran orientieren.

VERSICHERUNGSSCHUTZ

Siehe Abschnitt »Schülerunfallversicherung«, S. 159ff.

VERWALTUNGSAKT (BEISPIELE)

Sie fragen sich, wie ein Verwaltungsakt in der Praxis aussieht? Bescheide sind – je nach Sachverhalt – höchst unterschiedlich formuliert. Eine gewisse Ähnlichkeit ergibt sich jedoch daraus, dass die Schule zumindest eine Maßnahme oder Entscheidung treffen muss, die sich unmittelbar auf den betroffenen Schüler auswirkt. Für die im Schulbereich am häufigsten vorkommenden Verwaltungsakte, zum einen die Nichtversetzung und zum anderen Erziehungs- und Ordnungsmaßnahmen, finden Sie nachfolgend zwei Musterbeispiele:

BESCHEID FÜR EINE NICHTVERSETZUNG

Sonnenberg-Gymnasium
Remshalde 5
70154 Stuttgart

Lena Schmidt & Otto Schmidt
Backnanger Straße 16
70154 Stuttgart

Stuttgart, den 17.07.2023

Elias Schmidt / Versetzungsentscheidung
im Schuljahr 2022/2023

Sehr geehrte Familie Schmidt,

leider haben sich die Noten von Elias vom Halbjahr bis zum Ende des Schuljahres nicht verbessert. Zu den Leistungen Ihres Sohnes hatten wir bereits am 24.01.2023 ein Gespräch geführt. Der Leistungsstand von Elias ist nicht ausreichend, um eine Versetzung in die nächsthöhere Klassenstufe zu rechtfertigen, da die Noten nicht den Vorgaben für eine Versetzung entsprechen. Die mangelhaften Leistungen in den Fächern Deutsch, Englisch und Mathematik können nicht durch die Noten in den restlichen Fächern ausgeglichen werden.

Es besteht die Möglichkeit, dass Elias die Klassenstufe wiederholt. Die Klassenkonferenz hat sich jedoch für einen Wechsel auf eine Realschule ausgesprochen. Bitte teilen Sie mir bis zum 08.08.2023 mit, ob Elias die Klassenstufe wiederholt oder ob ein Schulwechsel angestrebt wird.

Für Rückfragen oder beratende Gespräche stehe ich Ihnen gern zur Verfügung.

Freundliche Grüße
Hermann, OStD (Oberstudiendirektor)
(Schulleiter)

BESCHEID FÜR EINE ERZIEHUNGS- UND ORDNUNGSMASSNAHME

Sonnenberg-Gymnasium
Remshalde 5
70154 Stuttgart

Lena Schmidt & Otto Schmidt
Backnanger Straße 16
70154 Stuttgart

Stuttgart, den 04.10.2023

Elias Schmidt / Verhängung einer Erziehungs- und Ordnungsmaßnahme nach § 90 Abs. 3 Nr. 2 lit. d) Schulgesetz BW

Sehr geehrte Familie Schmidt,
hiermit wird Ihr Sohn Elias nach § 90 Abs. 3 Nr. 2 lit. d) Schulgesetz BW für die Zeit vom 10.10.2023 bis zum 14.10.2023 von der Schule ausgeschlossen.

I. Begründung
Ihr Sohn Elias hat am 28.09.2023 einen Mitschüler durch einen Tritt in den Bauch erheblich verletzt. Es wurde durch die Verletzung eine ärztliche Behandlung notwendig. Elias zeigt in letzter Zeit ein sehr aggressives Verhalten gegenüber seinen Mitschülern und den Lehrkräften. Mehrere Schüler haben bereits ihre Angst gegenüber der Klassenlehrkraft, Frau Hahn, geäußert. Im Rahmen der Anhörung am 02.10.2023 haben sowohl Sie als auch Elias Unverständnis geäußert und erklärt, die Verletzung sei nicht tragisch. Ihrem Sohn muss infolge seines Alters bei der Tat bewusst gewesen sein, dass ein solcher Tritt zu erheblichen Verletzungen oder bleibenden Schäden führen kann und somit Konsequenzen nach sich zieht. Zudem ist die Tat kein Einzelfall. Bereits im letzten Schuljahr musste Elias zwei Stunden nachsitzen, da er einen anderen Schüler beleidigt hat.

II. Rechtliche Konsequenzen
Ein zeitweiliger Ausschluss vom Unterricht aus der Schule ist zulässig, wenn ein Schüler durch schweres oder wiederholtes Fehlverhalten seine Pflichten verletzt und dadurch die Erfüllung der Aufgabe der Schule oder die Rechte anderer gefährdet. Der vorgebrachte Sachverhalt begründet einen zeitweiligen Ausschluss vom Unterricht. Dieser ist erforderlich, um Elias nachhaltig die Folgen seines Handelns vor Augen zu führen und weiteres Fehlverhalten zu unterbinden. Durch das schwere Fehlverhalten Ihres Sohnes wurden die Aufgabenerfüllung der Schule und die Rechte anderer Personen gefährdet. Vergangene Ordnungsmaßnahmen haben unglücklicherweise nicht zu einer Änderung seines Verhaltens geführt. Bedenkt man die Schwere des Fehlverhaltens, ist eine weniger einschneidende Erziehungs- und Ordnungsmaßnahme nicht zielgerecht, sodass der Ausschluss vom Unterricht für fünf Tage erforderlich ist. Die Schulleitung ist sich bewusst, welche Nachteile für Elias mit dem zeitweiligen Ausschluss verbunden sind. Die Maßnahme steht jedoch im Verhältnis zu seinem Fehlverhalten.

III. Rechtsmittelbelehrung
Gegen diesen Bescheid kann innerhalb eines Monats nach seiner Bekanntgabe schriftlich oder mündlich zur Niederschrift beim Sonnenberg-Gymnasium, Remshalde 5, 70154 Stuttgart, Widerspruch eingelegt werden. Die Frist wird ebenfalls gewahrt, wenn der Widerspruch beim Regierungspräsidium Stuttgart, Ruppmannstraße 21, 70565 Stuttgart, eingelegt wird.

Hermann, OStD (Oberstudiendirektor)
(Schulleiter)

VOLLJÄHRIGKEIT

»Endlich volljährig – nun kann ich meine eigenen Entscheidungen treffen!« Das ist oft der (heimliche) Gedanke zahlreicher junger Erwachsener zum 18. Geburtstag. Zu diesem Geburtstag erhalten die Schüler ein ganz besonderes Geschenk, denn sie werden voll geschäftsfähig. Das bedeutet, dass sie im Rechtsverkehr allein und ohne die Zustimmung ihrer Eltern rechtliche Handlungen vornehmen dürfen, also zum Beispiel einen Kauf- oder Mietvertrag abschließen können. Für den schulischen Bereich folgt hieraus, dass sie sich unter anderem selbstständig im Krankheitsfall entschuldigen und bestimmen können, welche Schule sie besuchen. Da die Schüler nun eigenverantwortlich handeln, enden mit der Volljährigkeit zu großen Teilen auch die gesetzlichen Vertretungs- und Informationsrechte der Eltern. Ebenso müssen Eltern nicht mehr von der Schule vor der Verhängung einer Erziehungs- und Ordnungsmaßnahme angehört werden. Auch ein Widerspruch oder eine Beschwerde müsste von den Schülern selbst eingelegt werden und nicht mehr von ihren Eltern. Sollten die Eltern dies weiter für ihr Kind erledigen wollen, müsste das Kind ihnen eine Vollmacht ausstellen. In diesem Fall dürfen sich auch die Eltern weiterhin (formal) für die rechtlichen Belange ihres Kindes einsetzen.

Aber keine Sorge, nicht alle Informationsrechte der Eltern enden mit der Volljährigkeit des Kindes. Eltern können durchaus auch nach dem 18. Geburtstag ihres Kindes Informationen von der Schule zum Schulverhältnis erhalten. Ausgehend von dem Grundgedanken, dass die Erziehungsgemeinschaft von Eltern und Schule mit dem Eintritt der Volljährigkeit des Schülers nicht plötzlich endet, darf die Schule den Eltern auch weiterhin Neuigkeiten zukommen lassen. Nur falls der Schüler hier ausdrücklich widerspricht, scheidet diese Möglichkeit aus. Aber auch in dem Fall darf die Schule den Eltern in Notfällen Informationen weitergeben. Von einem Notfall wird ausgegangen, wenn eine Gefahr für den Schüler besteht (wenn gesundheitliche Belange des Schülers betroffen sind) oder wenn es sich um wesentliche schulische Angelegenheiten handelt (z. B. der Schüler nicht versetzt wird oder die Nichtzulassung zur Abschlussprüfung im Raum steht).

> **PRAXISHINWEIS**
>
> In den wenigsten Fällen wird die Schule nach dem 18. Geburtstag Ihres Kindes auf Sie und Ihr Kind zukommen und sich erkundigen, ob Ihnen als Elternteil weiterhin schulische Informationen anvertraut werden dürfen. Daher brauchen Sie sich in der Regel keine Sorgen machen, dass der Informationsfluss plötzlich eingestellt wird. Wenn Ihr volljähriges Kind die Lehrkräfte dazu auffordert, keine Daten mehr ohne sein Einverständnis weiterzugeben, wird die Schule selbstständig das Gespräch mit Ihnen suchen und die weitere Vorgehensweise abklären.

WALDORFSCHULEN

Siehe Abschnitt »Privatschulen«, S. 147f.

WERBUNG

Siehe Abschnitt »Spenden & Sponsoring«, S. 178f.

WHATSAPP UND ANDERE MESSENGERDIENSTE

Im schulischen Alltag werden relativ häufig WhatsApp-Gruppen gebildet. Es gibt neben den klassischen Schüler- oder Elternchats auch Klassengruppen, bei denen Lehrkräfte dem Chat angehören. Um

Chats von Schülern oder Eltern soll es hier nicht gehen. Dass WhatsApp oder vergleichbare Messenger datenschutzrechtliche Probleme mit sich bringen, dürfte inzwischen bekannt sein. Dies ist jedoch das private Risiko, worüber jede Person selbst entscheiden muss (beziehungsweise Eltern für ihre Kinder).

Schwierig wird es, wenn Lehrkräfte Mitglieder dieser Gruppen sind und Nachrichten mit den Schülern austauschen. Durch WhatsApp wird die Kommunikation erheblich vereinfacht, da schnell Nachrichten versendet werden können. Dies ist gerade bei Klassenfahrten und Ausflügen sehr praktisch oder wenn ein Schüler kurzfristig eine Information von einer Lehrkraft benötigt. Dennoch darf dabei nicht übersehen werden, dass die Schüler, die an dieser Kommunikation teilnehmen wollen, zwei Dinge benötigen: ein Handy und den entsprechenden Nachrichtendienst in Form einer App. WhatsApp sowie andere Nachrichtendienste sollten aus genau diesem Grund sehr zurückhaltend im Schulwesen zwischen Schülern und Lehrkräften gebraucht werden. Kein Schüler – und ebenso kein Elternteil – sollte den innerlichen Druck verspüren, ein Handy für die Schule zu kaufen, um nicht im Nachteil zu den Mitschülern zu stehen. Vielmehr können zum Austausch E-Mails oder Lernplattformen (z. B. Moodle) verwendet werden. Oder es wird auf die altbewährte und beste Kommunikationsmöglichkeit gesetzt – das persönliche Gespräch.

WIDERSPRUCH

In den Kapiteln vorher war schon von Verwaltungsakten in der Schule die Rede. Verwaltungsakte kommen im Schulwesen sehr häufig vor (beispielsweise die Ablehnung eines beantragten Schulplatzes, das Vergeben einzelner Noten im Schulzeugnis bei Abschlussprüfungen, die Nichtzuerkennung der allgemeinen Hochschulreife oder auch die Entlassung eines Schülers aus der Schule).

Eine Möglichkeit zur rechtlichen Überprüfung eines schulischen Verwaltungsaktes stellt der Widerspruch dar. Dieser ist zulässig bei allen Maßnahmen der Schule, die als Verwaltungsakt einzustufen sind. Hierdurch wird klar, dass sich ein Widerspruch nicht gegen Personen richten kann. Gegen Personen müsste eine Dienst- oder Fachaufsichtsbeschwerde eingelegt werden (siehe Abschnitt »Beschwerde«, S. 57ff.).

Der Sinn und Zweck des Widerspruchsverfahrens liegt darin, dass vor einer gerichtlichen Klärung der Angelegenheit erst noch einmal die Schule und die Schulaufsichtsbehörde den Sachverhalt rechtlich prüfen sollen. Somit kann unter Umständen – vor einer langwierigen Prüfung durch ein Gericht – eine Streitigkeit noch zügig beigelegt werden. In Bayern besteht die Besonderheit, dass Eltern nicht gezwungen sind, vor einer gerichtlichen Klärung einen Widerspruch einzulegen. Sie können dort wahlweise entweder die Möglichkeit des Widerspruches nutzen oder gleich ein gerichtliches Verfahren anstrengen.

In der Praxis kommt der Widerspruch meist bei Erziehungs- und Ordnungsmaßnahmen (siehe Abschnitt »Erziehungs- und Ordnungsmaßnahmen«, S. 75ff.) zum Einsatz. Zu den Verwaltungsakten zählen in diesem Zusammenhang das Nachsitzen, die Androhung eines Unterrichtsausschlusses, ein tageweiser Verweis vom Unterricht, die Überweisung in die Parallelklasse, die Androhung des Schulausschlusses und der dauerhafte Ausschluss von der Schule. Daneben ist im Schulzeugnis ein (nachteiliger) Verwaltungsakt zu sehen, wenn der Schüler nicht versetzt wurde oder sogar infolge wiederholter Nichtversetzung die Schule verlassen muss. Der Widerspruch ist folglich eine Art Allzweckwaffe im Schulrecht für Eltern.

DIE WIRKUNG DES WIDERSPRUCHS

Die in dem Verwaltungsakt genannte Maßnahme wird grundsätzlich unmittelbar vollzogen. Wenn ein Schüler beispielsweise zweimal in der 7. Klasse des Gymnasiums nicht versetzt wurde und das Gymnasium deswegen verlassen muss, muss er sich von der Schule abmelden und sich um ein neues Schulverhältnis bemühen. Indem Eltern einen Widerspruch einlegen, wird die Wirkung dieses Verwaltungsaktes jedoch vorübergehend – nämlich bis zu dessen Überprüfung – ausgesetzt. Durch den Widerspruch wird daher etwas Zeit gewonnen, und es kann abgewartet werden, bis die Schule und die Schulaufsichtsbehörde den Verwaltungsakt noch einmal kontrolliert haben.

Aber Achtung: Von diesem Grundsatz gibt es einige Ausnahmen. Im schulischen Bereich wird in manchen Bundesländern bei Erziehungs- und Ordnungsmaßnahmen von diesem Prinzip abgewichen. Wenn beispielsweise in Bayern ein Schüler von der Schule für fünf Tage ausgeschlossen wird, dann kann man durch einen Widerspruch nicht erreichen, dass der Schüler von dieser Maßnahme vorübergehend verschont bleibt. Ein Widerspruch kann selbstverständlich eingelegt werden, der dann auch überprüft wird. Dennoch kann der Unterrichtsausschluss von der Schule weiterhin vollzogen werden. Dieser Regelung liegt der Gedanke zugrunde, dass Erziehungs- und Ordnungsmaßnahmen aus pädagogischen Gründen schnell umgesetzt werden sollten. Es ergibt keinen Sinn, den Schüler Wochen oder Monate nach seinem Fehlverhalten nachsitzen zu lassen oder ihn vom Unterricht auszuschließen. In dieser Beispielsituation in Bayern wird mit der Einlegung des Widerspruchs wenig gewonnen. Meist wird die schulische Maßnahme bereits beendet sein, ehe sie im Rahmen des Widerspruchsverfahrens kontrolliert wurde. Lediglich im Wege eines gerichtlichen Eilverfahrens könnte die Maßnahme noch rechtzeitig vor ihrer Durchführung von einem Verwaltungsgericht überprüft werden. Unter einem Eilverfahren ist ein gerichtliches Verfahren zu verstehen, das – wie der Name schon sagt – eilbedürftig ist und auch so vom Gericht behandelt wird. Eine Entscheidung ist hierbei in der Regel innerhalb von einer Woche bis drei Wochen zu erwarten.

BESONDERHEITEN BEI DER NICHTVERSETZUNG IN DIE NÄCHSTHÖHERE KLASSENSTUFE

Wenn man Widerspruch einlegt, weil ein Schüler nicht in die nächsthöhere Klassenstufe versetzt wurde, gibt es ebenfalls Besonderheiten beim Widerspruch zu beachten. Ein Schüler wird versetzt, wenn er das Klassenziel erreicht hat und seine Noten für eine Versetzung ausreichen. Tut es das nicht, und ist die Versetzung ausgeblieben, kann ein Widerspruch eingelegt werden. Allerdings ist an dieser Stelle zu berücksichtigen, dass der Widerspruch nicht dazu führt, dass der Schüler zunächst einmal kurzfristig oder dauerhaft am Unterricht der nächsthöheren Klassenstufe teilnehmen darf. Dies ist leider ein oft verbreiteter Irrtum. Durch den Widerspruch kann man nicht die Entscheidung herbeiführen, den Schüler tatsächlich zu versetzen. Oftmals regen Eltern an, ihr Kind probeweise oder bis zu einer Entscheidung über den Widerspruch die nächsthöhere Klassenstufe besuchen zu lassen. Diese Möglichkeit, die einem Gaststatus gleichkommt, besteht allerdings rechtlich nicht.

Um eine Versetzung in die nächste Klassenstufe zu erzielen, muss neben dem Widerspruch eine sogenannte Verpflichtungsklage beim Verwaltungsgericht erhoben werden. Auch hier stellt sich jedoch ein Problem. Da gerichtliche Verfahren in der Regel sehr lange dauern (optimistisch gesehen ein Jahr bis zwei Jahre), wird man mit der Verpflichtungsklage in dem Moment nicht glücklich. Wenn das Kind zum Ende des Schuljahres nicht versetzt wird und die Schule wieder in sechs Wochen beginnt, dann hilft ein jahrelanges gerichtliches Verfahren nicht weiter. Gewinnbringend wäre in diesem Fall wiederum ein gerichtliches Eilverfahren.

VORGEHENSWEISE BEI DER EINLEGUNG DES WIDERSPRUCHS

Der Widerspruch muss schriftlich bei der Schule oder Schulaufsichtsbehörde eingelegt werden. Zu beachten ist, dass der Widerspruch beim gemeinsamen Sorgerecht von beiden Elternteilen eigenhändig unterschrieben werden muss und eine einfache E-Mail nicht ausreicht. Wie sieht nun aber ein Widerspruch inhaltlich aus und was muss darin aufgeführt werden? Beginnen wir zunächst mit dem Betreff. Das Widerspruchsschreiben muss weder mit der Überschrift »Widerspruch« betitelt werden noch muss sich diese Formulierung sonst im Schreiben finden. Es muss aus dem Schreiben lediglich hervorgehen, dass ein bestimmter Verwaltungsakt überprüft werden soll.

Der Widerspruch sollte folgende Informationen enthalten:

- Namen der Absender (die Eltern, falls der Schüler noch nicht volljährig ist)
- Name und Anschrift des Empfängers (z. B. Schule oder Schulaufsichtsbehörde)
- Kontaktdaten der Absender (Adresse)
- Aktuelles Datum
- Angabe des Vorgangs (Aktenzeichen oder Betreff des Verwaltungsaktes)
- Begründung (Warum ist der Bescheid nicht richtig?)
- Gegebenenfalls Anlagen (z. B. schriftliche Aussagen von Mitschülern)

Die Widersprüche gegen eine ausgebliebene Versetzung und eine Erziehungs- und Ordnungsmaßnahme könnten beispielhaft wie folgt formuliert werden:

MUSTER FÜR EINEN WIDERSPRUCH GEGEN EINE NICHTVERSETZUNG

Sonnenberg-Gymnasium
Remshalde 5
70154 Stuttgart

Lena Schmidt & Otto Schmidt
Backnanger Straße 16
70154 Stuttgart

Stuttgart, den 01.08.2023

Betreff: Widerspruch gegen das Zeugnis von Elias Schmidt, Klasse 8b / Bescheid vom 26.07.2023

Sehr geehrter Herr Hermann,

mit diesem Schreiben legen wir Widerspruch gegen die nicht erfolgte Versetzung unseres Sohnes Elias in die Klassenstufe 9 ein.

Wir haben das Zeugnis unseres Sohnes erhalten. Die Nichtversetzung ist aus unserer Sicht rechtswidrig, sodass ein Anspruch auf Versetzung in die nächsthöhere Klassenstufe besteht. Die Noten in den Fächern Deutsch und Mathematik sind nicht ordnungsgemäß erteilt worden, da die Lehrkräfte in diesen Fächern befangen waren. [An dieser Stelle empfiehlt sich eine ausführliche Begründung der Befangenheit.]

Wir bitten Sie daher, das Zeugnis aus den genannten Gründen zu überprüfen.

Freundliche Grüße
Familie Schmidt

Lena Schmidt & Otto Schmidt [eigenhändige Unterschriften]

MUSTER FÜR EINEN WIDERSPRUCH

Sonnenberg-Gymnasium
Remshalde 5
70154 Stuttgart

Lena Schmidt & Otto Schmidt
Backnanger Straße 16
70154 Stuttgart

Stuttgart, den 05.10.2023

Betreff: Widerspruch gegen die Erziehungs- und Ordnungsmaßnahme / Bescheid vom 04.10.2023

Sehr geehrter Herr Hermann,

mit diesem Schreiben legen wir Widerspruch gegen den zeitweiligen Ausschluss vom Unterricht ein, der vom 09.10.2023 bis zum 13.10.2023 bei unserem Sohn Elias durchgeführt werden soll.

Diese Ordnungsmaßnahme ist rechtswidrig. Der Sachverhalt hat sich nicht wie geschildert zugetragen. Vielmehr wurde Elias von seinem Mitschüler provoziert. Unser Sohn verpasst zudem hierdurch eine Woche den Unterricht und damit wichtigen Lernstoff. Der Unterrichtsausschluss steht folglich außer Verhältnis zu seinem Fehlverhalten. [Auch an dieser Stelle kann die Begründung beliebig erweitert werden.]

Wir bitten Sie daher, die Maßnahme aus den genannten Gründen zu überprüfen.

Freundliche Grüße
Familie Schmidt

Lena Schmidt & Otto Schmidt [eigenhändige Unterschriften]

FRIST ZUR EINLEGUNG DES WIDERSPRUCHS

Für die Einlegung des Widerspruchs besteht eine Frist von einem Monat. Bis dahin muss der Widerspruch bei der Schule oder der Schulaufsichtsbehörde eingehen. Die Frist beginnt erst dann zu laufen, wenn eine Rechtsbehelfsbelehrung im Verwaltungsakt erfolgt ist. Diese wird meist an das Ende des Verwaltungsakt-Schreibens gesetzt. Die Eltern müssen mithilfe der Rechtsbehelfsbelehrung über den einzulegenden Rechtsbehelf (also den Widerspruch), über die Verwaltungsbehörde, bei der der Rechtsbehelf anzubringen ist (die Schule oder die Schulaufsichtsbehörde), deren Sitz und die einzuhaltende Frist informiert worden sein. Die Rechtsbehelfsbelehrung könnte wie folgt aussehen:

»Gegen diesen Bescheid kann innerhalb eines Monats nach seiner Bekanntgabe schriftlich oder mündlich zur Niederschrift beim Sonnenberg-Gymnasium, Remshalde 5, 70154 Stuttgart, Widerspruch eingelegt werden. Die Frist wird ebenfalls gewahrt, wenn der Widerspruch beim Regierungspräsidium Stuttgart, Ruppmannstraße 21, 70565 Stuttgart, eingelegt wird.«

Nicht bei allen schulischen Verwaltungsakten findet sich allerdings eine Rechtsbehelfsbelehrung. Diese ist auf Zeugnissen beispielsweise nie abgebildet. Eine Belehrung direkt unter den Noten würde auch reichlich seltsam aussehen. In diesen Fällen haben Schüler und Eltern sogar ein ganzes Jahr Zeit, einen Widerspruch einzulegen. Ebenso gilt diese Jahresfrist, wenn die Rechtsbehelfsbelehrung falsch oder unvollständig sein sollte, beispielsweise die Frist zur Einlegung des Widerspruchs nicht genannt wurde.

Es bietet sich an, den Widerspruch entweder persönlich abzugeben oder in Form eines Einwurfeinschreibens zu versenden. Der Zusteller quittiert dann den Einwurf, sodass die Zustellung sicher nachgewiesen werden kann.

AUFGABEN DER SCHULE IM RAHMEN DES WIDERSPRUCHSVERFAHRENS

Die Schule wird in einem ersten Schritt prüfen, ob sie an ihrem Bescheid weiter festhält. In der Regel bespricht die Schule bereits in diesem Stadium mit der Schulaufsichtsbehörde die im Widerspruch aufgeführten Argumente. Meist werden dann Stellungnahmen von den entsprechenden Lehrkräften eingeholt.

Im Falle eines Widerspruchs gegen eine nicht erfolgte Versetzung würde der Widerspruch beispielsweise darauf eingehen, warum die Versetzung geboten war und hierbei konkrete Gründe benennen, zum Beispiel, dass die Englisch- oder Deutschnote hätte besser ausfallen müssen. Die Lehrkräfte müssen dann im Rahmen ihrer Stellungnahme ihre Notengebung begründen und darstellen, warum sie eine bestimmte Note erteilt haben. Wenn der Schule auffällt, dass der Verwaltungsakt falsch ist, wird sie diesen aufheben und den Eltern dies mitteilen. Falls die Schule immer noch von der Rechtmäßigkeit des Verwaltungsaktes überzeugt ist, leitet sie den Bescheid – sofern dieser noch nicht der Schulaufsichtsbehörde vorliegt – an diese weiter, welche selbst in die Prüfung einsteigt.

WIE GEHT ES DANACH WEITER?

Eltern erhalten – wenn die Schule nicht bereits selbst den Verwaltungsakt aufgehoben hat – einen sogenannten »Widerspruchsbescheid«. Hierfür hat die Schulaufsichtsbehörde grundsätzlich drei Monate Zeit, auch wenn in den meisten Fällen bereits vorher eine Bearbeitung erfolgt.

Falls der Verwaltungsakt rechtswidrig ergangen ist, wird die Schulaufsichtsbehörde den Bescheid aufheben und dem Widerspruch stattgeben. Der Verwaltungsakt hat dann keine Wirkung mehr und kann nicht mehr vollzogen werden. Sollte ein Schüler aus der Schule ausgeschlossen werden, dürfte er dann an der Schule verbleiben.

Wenn der Widerspruch der Eltern zurückgewiesen wurde, kann der Bescheid noch zusätzlich durch ein Verwaltungsgericht kontrolliert werden. Auf diese Möglichkeit wird auch direkt im Widerspruchsbescheid hingewiesen. Meist wird dann beim Verwaltungsgericht eine sogenannte Anfechtungsklage erhoben werden müssen (siehe Abschnitt »Anfechtungsklage«, S. 45).

Zusammengefasst hat die Schulaufsichtsbehörde folgende Entscheidungsmöglichkeiten:

- »Abweisung« des Widerspruchs: Die Schulaufsichtsbehörde hält den Verwaltungsakt für rechtmäßig und entscheidet negativ über den Widerspruch (beispielsweise muss der Schüler weiterhin zum Nachsitzen erscheinen).

- »Stattgebung« des Widerspruchs: Über den Widerspruch wird positiv entschieden. Die Maßnahme der Schule wird aufgehoben (z. B. Aufhebung eines fünftägigen Unterrichtsausschlusses eines Schülers).

- »Zurückweisung« des Widerspruchs: Über den Widerspruch wird negativ entschieden. Diese Entscheidung beruht jedoch nicht auf inhaltlichen Gründen (beispielsweise, dass eine Note im Zeugnis korrekt erteilt wurde), sondern vielmehr auf verfahrensrechtlichen Gründen. Der Widerspruch kann zum Beispiel zurückgewiesen werden, wenn er nicht eigenhändig von den Eltern unterschrieben wurde.

KOSTEN

Oftmals sind Eltern verwundert, wenn Sie im Widerspruchsbescheid eine Regelung zu den Kosten vorfinden. Widersprüche sind in der Tat gebührenpflichtig, sofern diese von der Schulaufsichtsbehörde zurück- oder abgewiesen werden und damit nicht erfolgreich sind. Dies sollte in jedem Fall vor der Einlegung eines Widerspruchs beachtet werden, damit es nicht zu unschönen Überraschungen kommt. Die Kosten werden im Widerspruchsbescheid konkret beziffert und müssen zeitnah gezahlt werden. Der Gebührenrahmen bewegt sich dabei in etwa zwischen 20 und 5000 Euro. Die maximale Gebührenhöhe wird jedoch nicht ausgeschöpft. In den meisten Fällen müssen – je nach Schwierigkeitsgrad und Aufwand der Bearbeitung – Kosten zwischen 150 und 1000 Euro einkalkuliert werden. Es besteht in der Regel die Möglichkeit, die Höhe der Kosten vorab beim jeweils zuständigen Bearbeiter des Vorgangs bei der Schulaufsichtsbehörde (beispielsweise der Jurist, der den Widerspruch gegen das Schulzeugnis bearbeitet) telefonisch oder schriftlich abzufragen. Sie erhalten nach Einlegung des Widerspruchs eine Eingangsbestätigung, wo die Kontaktdaten des Bearbeiters angegeben sind.

Zusammenarbeit der Bundesländer im Schulbereich

Die Bundesländer sind grundsätzlich selbst für die Gestaltung des Schulwesens zuständig. Das heißt, sie bestimmen im Rahmen ihrer »Kulturhoheit« eigenverantwortlich die gesetzlichen Regelungen, die das Schulwesen betreffen. Das bedeutet jedoch nicht, dass die einzelnen Landesgesetzgeber ihr eigenes schulrechtliches Süppchen kochen. Die Bundesländer haben sich vielmehr im Rahmen einer Vereinbarung auf schulrechtliche und bildungspolitische Grundsätze geeinigt. In der sogenannten »Ländervereinbarung über die gemeinsame Grundstruktur des Schulwesens und die gesamtstaatliche Verantwortung der Länder in zentralen bildungspolitischen Fragen«, die von der Konferenz der Kultusminister der Länder am 15.10.2020 beschlossen wurde, werden daher schulische Themen aufgegriffen und koordiniert.

Insbesondere aufgrund der Mobilität der Schüler (und ihrer Eltern) ist es sehr wichtig, die Vergleichbarkeit der Schulabschlüsse zwischen den Bundesländern zu gewährleisten. Dies gilt umso mehr, da hierdurch ein schulrechtliches Chaos zwischen den Bundesländern verhindert wird und Schüler sich im Falle eines Umzuges an neuen Schulen schneller einfinden können. In der Vereinbarung verpflichten sich die Bundesländer aus diesem Grund unter anderem zur gegenseitigen Anerkennung der schulischen Abschlüsse. Ebenso finden sich in der Vereinbarung Vorgaben zum Beginn und Ende des Schuljahres sowie Regelungen zu den Ferien, zur Bezeichnung der Zeugnisnoten und zur Gliederung und Organisation des Schulsystems. Zudem wurde die Einrichtung einer wissenschaftlichen Kommission der Kultusministerkonferenz festgelegt. Diese soll die Bundesländer bei Fragen zur Weiterentwicklung des Bildungswesens und der Verbesserung der Vergleichbarkeit des Bildungswesens beraten. Eine gänzliche Vereinheitlichung des Schulwesens wird durch die Vereinbarung natürlich nicht erreicht. Diese ist allerdings auch nicht ihr Ziel. Jedem Bundesland sollen weiterhin großzügige Spielräume im Hinblick auf die Gestaltung der Schwerpunkte des jeweiligen Schulsystems bleiben.

SCHLUSSWORT: EIN PLÄDOYER FÜR SCHULLEITUNGEN UND LEHRKRÄFTE

Durch das Lesen dieses Buch haben Sie sich einen Überblick über die verschiedenen Rechte – aber auch Pflichten – von Schulleitungen, Lehrkräften, Eltern und Schülern in der Schule verschafft. Die einen oder anderen Ausführungen zu rechtlichen Themen waren sicher nicht ganz einfach oder auf Anhieb zu verstehen. Vor diesem Hintergrund fällt es Ihnen vielleicht nun etwas leichter, sich in die Situation von Schulleitungen und Lehrkräften an den Schulen zu versetzen. Neben den generellen Aufgaben von Lehrkräften, beispielsweise der Vorbereitung und Durchführung des Unterrichts, müssen Lehrkräfte auch mit vielen bürokratischen Verpflichtungen umgehen. Diese sind zwar zwingend notwendig, um den Schulalltag zu organisieren, dennoch wird hierdurch auch ihr Aufgabenkreis stetig vergrößert. Insbesondere die Schulleitungen haben die Gesamtverantwortung für die Schule und stehen tagtäglich unter einer großen Belastung.

Im Lehramtsstudium und im anschließenden Referendariat werden rechtliche Fragestellungen nur vereinzelt behandelt. Dies entbindet die Lehrkräfte selbstverständlich nicht, sich mit rechtlichen Problemen auseinanderzusetzen und sich in diesem Bereich die nötigen Kenntnisse anzueignen. In vielen Bundesländern werden zudem für Schulleitungen Einführungsveranstaltungen und Fortbildungen im Schulrecht angeboten. Seien Sie sich sicher, den Schulleitungen und Lehrkräften ist es ein großes Anliegen, sich im Schulalltag rechtssicher zu verhalten. Zum einen wird dadurch die Chancengleichheit zwischen den Schülern gewahrt und zum anderen möchte sich keine Schulleitung oder Lehrkraft dem Vorwurf einer rechtlich nicht vertretbaren Handlung aussetzen.

Dass in Bezug auf rechtliche Entscheidungen die Möglichkeit einer gerichtlichen Kontrolle besteht, hilft sowohl Eltern als auch Lehrkräften nur im Nachgang und auch nur mittelbar. Sie werden dennoch zunächst vor die Herausforderung gestellt, rechtliche Begriffe erst einmal selbst zu interpretieren, um dann die Auslegung einer Behörde oder am Ende des Gerichtes abzuwarten. Auch rufen bestimmte schulische Entscheidungen meist entsprechende (positive oder negative) Emotionen bei Schülern und Eltern hervor. Dies ist völlig verständlich, da der schulische Erfolg und der Schulabschluss eines Kindes den Grundstein für seinen weiteren Werdegang legen. Dass in diesem Zusammenhang die Eltern mitfiebern, ob die Leistungen des eigenen Kindes zu einer Versetzung ausreichen oder ein bestimmter Zeugnisdurchschnitt geschafft wird, ist nur allzu gut nachvollziehbar. Bei auftretenden Schwierigkeiten in der Schule, die ihren Ursprung in einer falschen Auslegung oder Anwendung der Rechtsvorschriften seitens der Schulleitung oder der Lehrkräfte haben, sollte dennoch nicht gleich im ersten Anlauf die rechtliche Attacke gestartet werden. Es kann auch ein klärendes Gespräch eine Lösung herbeiführen. Falls sich Eltern und Lehrkräfte dann doch nicht einigen können, können die Schulaufsichtsbehörden immer noch einbezogen werden.

Behalten Sie bitte im Hinterkopf, dass sich jede Lehrkraft für ihren Beruf bewusst entschieden hat (Ausnahmen bestätigen die Regel). Alle Beteiligten im Schulwesen haben ein gemeinsames Ziel: die Schüler zu einem erfolgreichen Schulabschluss zu führen und sie zu unterstützen, dass sie frei darin sind, ihre Persönlichkeit zu entdecken und ihre Stärken weiter auszuprägen. Es sind daher zwei Faktoren im Schulalltag entscheidend: Vertrauen und Respekt. Sie dürfen erwarten, dass Regelungen im Schulwesen rechtmäßig umgesetzt werden und sich für ihre Kinder keine Nachteile ergeben, die nicht rechtlich begründet sind. Im Gegenzug wünscht sich die Schule, dass Eltern am Schulwesen mitwirken und insbesondere auch ihr Kind motivieren seine schulischen Verpflichtungen ernst zu nehmen. Dieses Buch soll dazu beitragen, ein grundlegendes Verständnis für schulische Angelegenheiten zu schaffen und damit den Schulalltag ein wenig zu erleichtern. Zudem trägt ein erweitertes Bewusstsein für rechtliche Regelungen und Vorschriften hoffentlich ein wenig dazu bei, dass an der einen oder anderen Stelle klar(er) wird, aus welchen Gründen eine Lehrkraft oder eine Schulleitung eine bestimmte Entscheidung trifft.

Gegenseitiges Vertrauen und Respekt macht allen an der Schule Beteiligten den Schulalltag erfüllender und leichter – Schülern, Lehrkräften und Schulleitungen.

ÜBERSICHT UND ADRESSEN DER SCHULAUFSICHTSBEHÖRDEN

Eine wichtige Kernaussage dieses Buches bei der Bewältigung von schulischen Problemen ist: ruhig bleiben, durchatmen und anschließend das jeweilige Anliegen oder Problem klären. Die Problemlösung findet bestenfalls direkt an der Schule statt. Das heißt, gehen Sie als Elternteil entweder mit der entsprechenden Lehrkraft oder mit der Schulleitung ins Gespräch – das kann Ihnen schon meist weiterhelfen. Erst wenn dieser Weg nicht das gewünschte Ergebnis liefert, lohnt es sich, bei den Schulaufsichtsbehörden anzufragen.

Nachfolgend finden Sie die für die jeweiligen Schularten zuständigen Ansprechpartner in den Schulaufsichtsbehörden. Wie bereits gesagt, ist in der Regel die Schulaufsicht in den Bundesländern dreistufig (also Bildungsministerium, Regierungspräsidien/Bezirksregierungen/Regierungen und Schulämter) oder zweistufig aufgebaut. Größtenteils sind die Bildungsministerien für grundsätzliche Fragen rund um das Schulwesen zuständig. Die Mittelbehörden und die Schulämter übernehmen hingegen die Betreuung der Lehrkräfte und kümmern sich um die schulischen Einzelfälle. Diese sind daher wichtig, wenn spezielle Fragen zu einer bestimmten Schule bestehen.

BADEN-WÜRTTEMBERG

- Das **Ministerium für Kultus, Jugend und Sport** in Baden-Württemberg gibt unter anderem die Bildungspläne vor, legt die Unterrichtsorganisation fest und ist für die Unterrichtsversorgung sowie die Leistungsstandards bei Schulabschlüssen und zentralen Prüfungen zuständig.

- Ministerium für Kultus, Jugend und Sport
  Thouretstraße 6
  70173 Stuttgart
  Tel.: +49 711 279 0
  E-Mail: poststelle@km.kv.bwl.de

- Die **Regierungspräsidien** sind die Ansprechpartner bei schulrechtlichen sowie personalrechtlichen Fragestellungen für Gymnasien und berufliche Schulen. Zudem besteht eine Zuständigkeit für Waldorfschulen.

- Regierungspräsidium Stuttgart
  Abteilung 7
  Ruppmannstraße 21
  70565 Stuttgart
  E-Mail: abteilung7@rps.bwl.de

- Regierungspräsidium Freiburg
  Abteilung 7
  Eisenbahnstraße 68
  79098 Freiburg im Breisgau
  E-Mail: abteilung7@rpf.bwl.de

- Regierungspräsidium Karlsruhe
  Abteilung 7
  Hebelstraße 2

76133 Karlsruhe
E-Mail: abteilung7@rpk.bwl.de

- Regierungspräsidium Tübingen
  Abteilung 7
  Konrad-Adenauer-Straße 20
  72072 Tübingen
  E-Mail: abteilung7@rpt.bwl.de

- Die insgesamt 21 **Staatlichen Schulämter** beantworten Fragen in Bezug auf Grundschulen, Hauptschulen/Werkrealschulen, Realschulen, Gemeinschaftsschulen, Gesamtschulen und Sonderpädagogische Bildungs- und Beratungszentren.

- Die Kontaktinformationen der Staatlichen Schulämter können unter folgender Adresse ermittelt werden: https://schulamt-bw.de/,Lde/1883230.

BAYERN

- Das **Bayerische Staatsministerium für Unterricht und Kultus** legt unter anderem die Bildungsziele für Bayern fest, wirkt bei schulischen Gesetzen und Regelungen mit und steuert deren Umsetzung.

- Bayerisches Staatsministerium für Unterricht und Kultus
  Salvatorstraße 2
  80333 München
  Tel.: +49 89 2186 0
  E-Mail: poststelle@stmuk.bayern.de

- Die **Bezirksregierungen** sind zuständig für alle fachlichen und rechtlichen Angelegenheiten der Förderschulen und des Berufsschulbereiches.

- Regierung von Oberbayern
  Schulabteilung
  Maximilianstraße 39
  80538 München
  E-Mail: poststelle@reg-ob.bayern.de

- Regierung von Niederbayern Landshut
  Schulabteilung
  Regierungsplatz 540
  84028 Landshut
  E-Mail: poststelle@reg-nb.bayern.de

- Regierung der Oberpfalz Regensburg
  Schulabteilung
  Emmeramsplatz 8
  93047 Regensburg
  E-Mail: schulwesen@reg-opf.bayern.de

- Regierung von Oberfranken Bayreuth
  Schulabteilung
  Ludwigstraße 20
  95444 Bayreuth
  E-Mail: poststelle@reg-ofr.bayern.de

- Regierung von Mittelfranken Ansbach
  Schulabteilung
  Promenade 27
  91522 Ansbach
  E-Mail: poststelle@reg-mfr.bayern.de

- Regierung von Unterfranken Würzburg
  Schulabteilung
  Peterplatz 9
  97070 Würzburg
  E-Mail: poststelle@reg-ufr.bayern.de

- Regierung von Schwaben Augsburg
  Schulabteilung
  Fronhof 10
  86152 Augsburg
  E-Mail: schulen@reg-schw.bayern.de

- **Ministerialbeauftragte** stehen als Ansprechpartner bei Fragen zu den Gymnasien, den Realschulen, den Gesamtschulen sowie den Fachober- und Berufsoberschulen zur Verfügung.

  Die Ministerialbeauftragten für die Gymnasien können Sie hier finden:
  https://www.km.bayern.de/ministerium/institutionen/ministerialbeauftragte-gymnasium.html

- Die Ministerialbeauftragten für die Realschulen, Fachober- und Berufsoberschulen und die Gesamtschulen sind hier zu ermitteln: https://www.km.bayern.de/ministerium/institutionen/ministerialbeauftragte-realschule-und-fosbos.html

- Die **Schulämter** sind für Anliegen und Probleme im Hinblick auf Grund- und Mittelschulen verantwortlich.
- Die zuständigen Ansprechpartner können unter folgender Adresse ermittelt werden:
  https://www.km.bayern.de/ministerium/institutionen/schulaemter.html.

BERLIN

- Die **Senatsverwaltung für Bildung, Jugend und Familie** in Berlin ist für Entscheidungen von grundsätzlicher Bedeutung für das Berliner Schulwesen verantwortlich.

- Senatsverwaltung für Bildung, Jugend und Familie
  Bernhard-Weiß-Straße 6
  10178 Berlin
  Tel.: +49 30 90227 5050
  E-Mail: post@senbjf.berlin.de

- Die **Regionalen Schulaufsichten** dienen Schülern, Eltern und sonstigen Personen als Ansprechpartner bei schulrechtlichen Fragestellungen.

- Regionale Schulaufsicht Charlottenburg-Wilmersdorf
  Waldschulallee 29–31
  14055 Berlin

- Regionale Schulaufsicht Friedrichshain-Kreuzberg
  Frankfurter Allee 35–37
  10247 Berlin

- Regionale Schulaufsicht Lichtenberg
  Alt-Friedrichsfelde 60
  10315 Berlin

- Regionale Schulaufsicht Marzahn-Hellersdorf
  Alice-Salomon-Platz 3
  12627 Berlin

- Regionale Schulaufsicht Mitte
  Karl-Marx-Allee 31
  10178 Berlin

- Regionale Schulaufsicht Neukölln
  Boddinstraße 34
  12053 Berlin

- Regionale Schulaufsicht Pankow
  Tino-Schwierzina-Straße 32–33
  13089 Berlin

- Regionale Schulaufsicht Reinickendorf
  Innungsstraße 40
  13509 Berlin

- Regionale Schulaufsicht Spandau
  Streitstraße 6
  13587 Berlin

- Regionale Schulaufsicht Steglitz-Zehlendorf
  Hartmannsweilerweg 65
  14163 Berlin

- Regionale Schulaufsicht Tempelhof-Schöneberg
  Alarichstraße 12–17
  12105 Berlin

- Regionale Schulaufsicht Treptow-Köpenick
  Luisenstraße 16
  12557 Berlin

- Schulaufsicht berufliche Schulen
  Bernhard-Weiß-Straße 6
  10178 Berlin

BRANDENBURG

- Das **Ministerium für Bildung, Jugend und Sport** stellt die oberste Schulaufsichtsbehörde in Brandenburg dar und gestaltet das Schulwesen inhaltlich und organisatorisch.

- Ministerium für Bildung, Jugend und Sport
  Heinrich-Mann-Allee 107 (Haus 1/1a)
  14473 Potsdam
  Tel.: +49 331 866 0
  E-Mail: poststelle@mbjs.brandenburg.de

- Die **Staatlichen Schulämter** üben die unmittelbare **Aufsicht** über die Schulen aus und sind für die **Ausstattung der Schulen mit Lehrkräften** zuständig.

- Staatliches Schulamt Brandenburg an der Havel
  Magdeburger Straße 45
  14770 Brandenburg an der Havel
  E-Mail: poststelle.bb@schulaemter.brandenburg.de

- Staatliches Schulamt Cottbus
  Blechenstraße 1
  03046 Cottbus
  E-Mail: poststelle.cb@schulaemter.brandenburg.de

- Staatliches Schulamt Frankfurt (Oder)
  Gerhard-Neumann-Straße 3

15236 Frankfurt (Oder)
E-Mail: poststelle.ff@schulaemter.brandenburg.de

- Staatliches Schulamt Neuruppin
  Trenckmannstraße 15
  16816 Neuruppin
  E-Mail: poststelle.np@schulaemter.brandenburg.de

BREMEN

- Die **Senatorin für Kinder und Bildung** in Bremen fungiert als oberste Verwaltungsbehörde für Schulen und Ansprechpartnerin bei schulrechtlichen Fragestellungen.

- Die Senatorin für Kinder und Bildung
  Rembertiring 8–12
  28195 Bremen
  Tel.: +49 421 361 13222
  E-Mail: office@bildung.bremen.de

HAMBURG

- In Hamburg steht die **Behörde für Schule und Berufsbildung** bei Fragen zu allgemeinbildenden Schulen zur Verfügung.

- Behörde für Schule und Berufsbildung
  Hamburger Straße 31
  22083 Hamburg
  Telefon: +49 40 42899 2211
  E-Mail: schulinformationszentrum@bsb.hamburg.de

- Das **Hamburger Institut für berufliche Bildung** kann bei Problemen an berufsbildenden Schulen kontaktiert werden.

- Hamburger Institut für berufliche Bildung
  Hamburger Straße 131
  22083 Hamburg
  Tel.: +49 40 4286334 87
  E-Mail: hibb-geschaeftsfuehrung@hibb.hamburg.de

HESSEN

- Das **Hessische Kultusministerium** ist die oberste Schulaufsichtsbehörde Hessens und verantwortlich für die zentralen Steuerungsaufgaben in der Bildungspolitik, wie beispielsweise die Bildungsplanung, die Lehrerstellenzuweisung sowie die Konzeption der Lehrerausbildung und -fortbildung.

- Hessisches Kultusministerium
  Luisenplatz 10
  65185 Wiesbaden
  Tel.: +49 611 368 2368
  E-Mail: poststelle.hkm@kultus.hessen.de

- Die **Schulämter** übernehmen die Aufgabe der Fach- und Dienstaufsicht über die Schulen in ihrem Zuständigkeitsbereich und können bei konkreten schulrechtlichen Fragen kontaktiert werden.

- Das Verzeichnis der Schulämter und ihre Kontaktdaten sind abrufbar unter:
  https://schulaemter.hessen.de/standorte.

MECKLENBURG-VORPOMMERN

- Das **Ministerium für Bildung und Kindertagesförderung** gibt die grundlegenden Bedingungen für Schule und Bildung in Mecklenburg-Vorpommern vor, nimmt unmittelbar die Aufgaben der Schulaufsicht für berufliche Schulen wahr und beantwortet diesbezügliche Anliegen.

- Ministerium für Bildung und Kindertagesförderung Mecklenburg-Vorpommern
  Werderstraße 124
  19055 Schwerin
  Tel.: +49 385 588 0
  E-Mail: poststelle@bm.mv-regierung.de

- Die **Schulämter** stehen als Ansprechpartner für Fragen zu den allgemeinbildenden Schulen in ihrem Zuständigkeitsbereich zur Verfügung.

- Staatliches Schulamt Greifswald
  Postfach 1240
  17465 Greifswald
  E-Mail: info@schulamt-hgw.bm.mv-regierung.de

- Staatliches Schulamt Neubrandenburg
  Neustrelitzer Straße 120
  17033 Neubrandenburg
  E-Mail: poststelle@schulamt-nb.bm.mv-regierung.de

- Staatliches Schulamt Rostock
  Postfach 20 12 08
  18073 Rostock
  E-Mail: info@schulamt-hro.bm.mv-regieurng.de

- Staatliches Schulamt Schwerin
  Postfach 11 09 51
  19009 Schwerin
  E-Mail: info@schulamt-sn.bm.mv-regierung.de

NIEDERSACHSEN

- Das **Niedersächsische Kultusministerium** entwickelt und gestaltet als oberste Schulaufsichtsbehörde das Schulwesen und gibt die Strukturen des Unterrichts in den verschiedenen Schulformen vor, erlässt Rahmenrichtlinien für dessen Inhalte und Methoden und stellt die Ausstattung der Schulen mit Lehrkräften sicher.

- Niedersächsisches Kultusministerium
  Hans-Böckler-Allee 5 (Postfach 161)
  30173 Hannover
  Tel.: +49 511 120 0
  E-Mail: poststelle@mk.niedersachsen.de

- Die Aufsicht über die Schulen aller Schulformen nehmen die **Regionalen Landesämter** für Schule und Bildung in Braunschweig, Hannover, Lüneburg und Osnabrück wahr und beantworten in diesem Zusammenhang Fragen.

- Regionale Landesämter für Schule und Bildung Braunschweig
  Postfach 30 51
  38020 Braunschweig
  E-Mail: service@rlsb-bs.niedersachsen.de

- Regionale Landesämter für Schule und Bildung Hannover
  Postfach 11 01 22
  30856 Laatzen
  E-Mail: service@rlsb-h.niedersachsen.de

- Regionale Landesämter für Schule und Bildung Lüneburg
  Postfach 21 20
  21311 Lüneburg
  E-Mail: service@rlsb-lg.niedersachsen.de

- Regionale Landesämter für Schule und Bildung Osnabrück
  Postfach 35 69
  49025 Osnabrück
  E-Mail: service@rlsb-os.niedersachsen.de

NORDRHEIN-WESTFALEN

- Das **Ministerium für Schule und Bildung des Landes Nordrhein-Westfalen** ist die oberste Schulaufsichtsbehörde im Land und entwickelt das Bildungsangebot in Nordrhein-Westfalen kontinuierlich weiter.

- Ministerium für Schule und Bildung des Landes Nordrhein-Westfalen
  Völklinger Straße 49
  40221 Düsseldorf
  Tel.: +49 211 5867 40
  E-Mail: poststelle@msb.nrw.de

- Die **Bezirksregierungen** üben die Dienst- und Fachaufsicht über die Realschulen, die Gesamtschulen, die Gymnasien, die Sekundarschulen, die Berufskollegs und die Weiterbildungskollegs sowie Förderschulen als obere Schulaufsichtsbehörden aus.

- Bezirksregierung Arnsberg
  Seibertzstraße 1
  59821 Arnsberg
  E-Mail: poststelle@bezreg-arnsberg.nrw.de

- Bezirksregierung Detmold
  Leopoldstraße 15
  32754 Detmold
  E-Mail: poststelle@bezreg-detmold.nrw.de

- Bezirksregierung Düsseldorf
  Schulabteilung
  Am Bonneshof 35
  40474 Düsseldorf
  E-Mail: poststelle@brd.nrw.de

- Bezirksregierung Köln
  Zeughausstraße 2–10
  50667 Köln
  E-Mail: poststelle@bezreg-koeln.nrw.de

- Bezirksregierung Münster
  Schulabteilung
  Albrecht-Thaer-Straße 9
  48147 Münster
  E-Mail: poststelle@bezreg-muenster.nrw.de

- Die **staatlichen Schulämter** nehmen die Schulaufsicht über die Grundschulen und die Fachaufsicht über Hauptschulen und bestimmte Förderschulen wahr und können bei Fragen zu diesen Schularten kontaktiert werden.

- Die Adressen der Schulämter finden Sie hier:
  https://www.schulministerium.nrw/adressen-der-schulaem-ter-nach-bezirkregierungen

RHEINLAND-PFALZ

- Das **Ministerium für Bildung Rheinland-Pfalz** legt unter anderem die grundsätzlichen Bildungsmöglichkeiten und schulrechtlichen Regelungen fest und schafft alle pädagogischen, organisatorischen und personellen Voraussetzungen für einen gelungenen Schulbesuch.

- Ministerium für Bildung Rheinland-Pfalz
  Postfach 32 20
  55022 Mainz
  Tel.: +49 6131 16 0
  E-Mail: poststelle@bm.rlp.de

- Die **Aufsichts- und Dienstleistungsdirektion** übernimmt die Aufgaben der Schulaufsicht für alle Schularten und kann bei Fragen direkt kontaktiert werden:

- Aufsichts- und Dienstleistungsdirektion
  Willy-Brandt-Platz 3
  54290 Trier
  Tel.: +49 651 9494 0
  E-Mail: poststelle@add.rlp.de

- Die konkret zuständigen Ansprechpartner in der Schulaufsicht können darüber hinaus unter folgender Adresse ermittelt werden: https://addinter.service24.rlp.de/cgi-bin-inter/schulen1.mbr/auswahl

SAARLAND

- Dem **Bildungsministerium** obliegt die inhaltliche, qualitätssichernde, organisatorische und strukturelle Gestaltung der saarländischen Schulen. Zudem besteht eine Zuständigkeit für die Aus-, Fort- und Weiterbildung der Lehrkräfte.

- Ministerium für Bildung und Kultur
  Trierer Straße 33
  66111 Saarbrücken
  Tel.: +49 681 501 00
  E-Mail: poststelle@bildung.saarland.de

SACHSEN

- Das **Kultusministerium** ist unter anderem zuständig für die Kontrolle der Einhaltung von rechtlichen Vorschriften, die Sicherung des Lehrkräftebedarfs und die Personalangelegenheiten der Lehrkräfte.

- Sächsisches Staatsministerium für Kultus
  Carolaplatz 1
  01097 Dresden
  Telefon: +49 351 564 65122
  E-Mail: poststelle@smk.sachsen.de

- Die Schulaufsicht über die Schulen in ihrem jeweiligen Zuständigkeitsbereich wird von den **Landesämtern** wahrgenommen.

- Landesamt für Schule und Bildung Bautzen
  Otto-Nagel-Straße 1
  02625 Bautzen
  E-Mail: poststelle-b@lasub.smk.sachsen.de

- Landesamt für Schule und Bildung Chemnitz
  Annaberger Straße 119
  09120 Chemnitz
  E-Mail: poststelle-c@lasub.smk.sachsen.de

- Landesamt für Schule und Bildung Dresden
  Großenhainer Straße 92
  01127 Dresden
  E-Mail: poststelle-d@lasub.smk.sachsen.de

- Landesamt für Schule und Bildung Leipzig
  Nonnenstraße 17A
  04229 Leipzig
  E-Mail: poststelle-l@lasub.smk.sachsen.de

- Landesamt für Schule und Bildung Radebeul
  Dresdner Straße 78c
  01445 Radebeul
  E-Mail: poststelle-r@lasub.smk.sachsen.de

- Landesamt für Schule und Bildung Zwickau
  Makarenkostraße 2
  08066 Zwickau
  E-Mail: poststelle-z@lasub.smk.sachsen.de

SACHSEN-ANHALT

- Das **Ministerium für Bildung** des Landes Sachsen-Anhalt ist sowohl für allgemeine als auch übergreifende schulische Angelegenheiten zuständig. Zudem werden schulische Ressourcen, Rahmenbedingungen und Unterstützungssysteme für Schulen vom Ministerium festgelegt.

- Ministerium für Bildung des Landes Sachsen-Anhalt
  Turmschanzenstraße 32
  39114 Magdeburg
  Telefon: +49 391 567 01
  E-Mail: mb-poststelle@sachsen-anhalt.de

- Das **Landesschulamt** Sachsen-Anhalt ist zuständig für die Begleitung der Schulen sowie die Themenbereiche Schulpsychologie, Unterrichtsversorgung, Personalmanagement und Haushalt. Daneben steht das Landesschulamt als Ansprechpartner für schulrechtliche Fragestellungen zur Verfügung.

- Landesschulamt Sachsen-Anhalt
  Ernst-Kamieth-Straße 2
  06112 Halle (Saale)
  E-Mail: LSCHA-Poststelle@sachsen-anhalt.de

SCHLESWIG-HOLSTEIN

- Die Aufsicht über die Gemeinschaftsschulen mit Oberstufe, die Gymnasien und die beruflichen Schulen obliegt dem Ministerium für Allgemeine und Berufliche Bildung, Wissenschaft, Forschung und Kultur.

- Ministerium für Allgemeine und Berufliche Bildung, Wissenschaft, Forschung und Kultur
  Brunswiker Straße 16–22
  24105 Kiel
  Tel.: +49 431 988 0
  E-Mail: pressestelle@bimi.landsh.de

- Für Fragen zu den Grundschulen, Förderzentren und Gemeinschaftsschulen ohne Oberstufe sind die **Schulämter** in den Kreisen und kreisfreien Städten zuständig.

- Die Ansprechpartner in den Schulämtern können unter folgender Adresse ermittelt werden:
https://www.schleswig-holstein.de/DE/fachinhalte/S/schulverwaltung/schulraete.html?nn=90d082cd-7b03-4bb5-a7f7-026a2036001f.

THÜRINGEN

- Das **Thüringer Ministerium für Bildung, Jugend und Sport** ist als oberste Schulaufsichtsbehörde für die Inhalte der schulischen Ausbildung zuständig und ist die oberste Dienstbehörde für Lehrkräfte an den staatlichen Schulen, Mitarbeiter in der Bildungsverwaltung und für Angestellte und Beamte im Ministerium.

- Thüringer Ministerium für Bildung, Jugend und Sport
Werner-Seelenbinder-Straße 7
99096 Erfurt
Tel.: +49 361 57 100
E-Mail: poststelle@tmbjs.thueringen.de

- Die **Staatlichen Schulämter** üben als untere Schulaufsichtsbehörden die Aufsicht über die Schulen in ihrem Zuständigkeitsbereich aus und beantworten schulrechtliche Fragestellungen:

- Staatliches Schulamt Mittelthüringen
Schwanseestraße 9
99423 Weimar
E-Mail: poststelle.mittelthueringen@schulamt.thueringen.de

- Staatliches Schulamt Nordthüringen
  Franz-Weinrich-Straße 24
  37339 Leinefelde-Worbis
  E-Mail: poststelle.nordthueringen@schulamt.thueringen.de

- Staatliches Schulamt Ostthüringen
  Hermann-Drechsler-Straße 1
  07548 Gera
  E-Mail: poststelle.ostthueringen@schulamt.thueringen.de

- Staatliches Schulamt Südthüringen
  Hölderlinstraße 1
  98527 Suhl
  E-Mail: poststelle.suedthueringen@schulamt.thueringen.de

- Staatliches Schulamt Westthüringen
  Justus-Perthes-Straße 2a
  99867 Gotha
  E-Mail: poststelle.westthueringen@schulamt.thueringen.de

ÜBER DIE AUTORIN

Stephanie Glöckle ist als Juristin in der Schulverwaltung in Baden-Württemberg tätig und verfügt aufgrund ihres beruflichen Werdegangs über umfangreiche Kenntnisse im Schulrecht. Durch die enge Zusammenarbeit mit den Schulen und deren rechtlicher Beratung hat sie entscheidende Praxiserfahrungen im Hinblick auf alltägliche schulische Fragestellungen gesammelt. Von gängigen Anliegen zur Schulanmeldung, Aufsichtsführung, Notenvergabe oder zum Umgang mit Rechtsbehelfen bis hin zu speziellen Problemen, wie verschwundenen Klassenarbeiten, hat sie schon alles gesehen (und beantwortet). In ihrer im Juni 2022 erschienenen Doktorarbeit zum Thema »Erziehungs- und ordnungsrechtliche Normen in den Schulgesetzen – eine verfassungsrechtliche Untersuchung« setzte sie sich zudem bereits vertieft mit den Rechten und Pflichten von Schule, Schülern und Eltern im Rahmen der Verhängung von schulischen Erziehungs- und Ordnungsmaßnahmen auseinander.